中国会展发展与设计理论研究

刘 夏◎著

吉林大学出版社

图书在版编目(CIP)数据

中国会展发展与设计理论研究 / 刘夏著.--长春：
吉林大学出版社，2017.4（2024.8重印）
ISBN 978-7-5677-9766-6

Ⅰ.①中… Ⅱ.①刘… Ⅲ.①展览会－产业发展－研
究－中国②展览会－陈列设计－研究－中国 Ⅳ.
①G245②J525.2

中国版本图书馆 CIP 数据核字(2017)第 114035 号

书　　　名	中国会展发展与设计理论研究
	ZHONGGUO HUIZHAN FAZHAN YU SHEJI LILUN YANJIU
作　　　者	刘　夏　著
策划编辑	孟亚黎
责任编辑	孟亚黎
责任校对	樊俊恒
装帧设计	崔　蕾
出版发行	吉林大学出版社
社　　　址	长春市朝阳区明德路 501 号
邮政编码	130021
发行电话	0431－89580028/29/21
网　　　址	http://www.jlup.com.cn
电子邮箱	jlup@mail.jlu.edu.cn
印　　　刷	三河市天润建兴印务有限公司
开　　　本	787×1092　1/16
印　　　张	17.25
字　　　数	224 千字
版　　　次	2018 年 1 月　第 1 版
印　　　次	2024 年 8 月　第 3 次
书　　　号	ISBN 978-7-5677-9766-6
定　　　价	60.00 元

前　言

　　会展,作为国际化的新兴产业,主要是通过争办大型会议与博览会,完成特定资源与信息交流为目的,并以此带动旅游、饭店、航空、运输及会展公司与机构等相关产业的经济增长。我国会展业是持续高速成长了 20 多年的热门行业,在现代服务业中属于年轻的、高端的小行业,是重人才、轻资产的中小型服务机构,同时也是在政府、民间社团、企业三种组织形态的共同支撑下相互竞争的行业。

　　我国会展业的基本模式是在政府主导下进行的,在这一过程中,我们不仅形成了中国会展业的百舸争流、千帆竞渡的发展态势,也为展会服务的运输、搭建、广告等行业提供了发展契机。但是,政府主导与扶持下的会展业,会对政府资源产生非常强的依赖性,并且还具有一定的不可持续性,从而引发一系列问题。为此,笔者撰写《中国会展发展与设计理论研究》一书,总结和分析中国会展业发展所取得的成就,同时也对中国会展业发展面临的问题以及将来的发展走向进行分析。

　　本书共分六章,第一章中国会展发展历史及其现状分析,探讨了会展设计的由来及发展阶段、中国会展设计的发展特点,以及香港、北京、上海、广州、青岛、杭州、义乌、大连、宁波、东莞等城市的会展发展历程及成功模式。第二章至第五章为会展设计的理论内容,包括基本原理阐述、空间设计与表现手法、氛围设计与渲染、专项设计实践等内容。第六章为新媒体、新技术在会展设计中的应用与发展,论述现代科技的发展对会展设计的影响、新媒体在会展设计中的应用与发展、多媒体技术在会展设计中的应用与发展等内容。

　　本书在撰写中重点突出以下特色。

学术性。本书先梳理中国会展业的内涵与外延,廓清本书的论证前提,进而从中国内地与香港等几个城市的会展业着手,总结其历程与发展经验。对现代新媒体、新技术在会展设计中的应用与发展进行了较为详细的分析。同时从"十八大"报告中的生态文明建设角度入手,探析低碳设计理念下的会展设计,积极探索中国会展业市场化转型道路。

指导性。会展设计实质上是在人与人、人与物、人与社会之间营造出彼此交往的场地与空间环境,融汇了视觉传达语意、产品设计形态和时空环境的创造三大设计类别。这就使得对会展设计相关的理论和技术进行探讨显得尤为重要,为此,本书综合美学、光学、色彩学等原理,对如何传达信息、交流经济和文化进行全面分析,从而更好地指导会展设计从业人员开展设计活动。

丰富性。为了更好地说明相关原理及论点,同时也增强阅读趣味性,本书在撰写过程中选配和制作了相关图表。

此外,本书在撰写过程中,也参考了部分学者的论文与论著,使作者受益匪浅,笔者由衷地向他们表示感谢。由于作者水平有限,拙著中难免存在纰漏之处,恳请老师、同道们斧正。

作　者
2017 年 2 月

目 录

第一章 中国会展发展历史及其现状分析

第一节 会展设计的由来及发展阶段

会议是自有人类以来就存在的一种社会现象。据我国西安半坡氏族聚落点遗迹的考古发现表明，每个氏族都有自己开会议事和进行公共活动的大房子。传说在尧舜禹时代，凡有紧急事情就举行会议。《尚书·周官》记载："议事之制，政乃不迷。"

随着生产力发展，人类会议活动逐渐增多。阶级和国家出现之后，不同形式、不同层次的会议逐渐增多，处理国家内部和国际事务的会议也相继产生，并且会议的组织工作也有一定模式。如东周列国时代诸侯之间的集会。

考古学家在考察古代文化的时候，发现了许多古代人用来讨论诸如狩猎、战争事宜、和平谈判以及部落庆典的场所。在那时，城市已成为人们相互交流和进行商贸活动的中心场所。古罗马位于市中心的罗马广场，就是用来进行公共讨论和谈判的地方；当时政治家们的辩论和演说则主要在古罗马的演讲台上进行。今天会展业的许多专业用语都来源于拉丁文，如"Conference"来源于中世纪的"Conferential"一词，其原意是"把大家带到一起来"；"Auditorius"，原意是"听的地方"。

据史学家意见，具有现代意义的国际会议当推1648年的威斯特伐利亚会议。会议签订了合约，结束了欧洲国家间的30余年的宗教战争，这个会议先由战争双方，即天主教公国和新教公国代表，分别举行平行的会议，然后构成一个大会，历经4年的讨论达成协议。它开创了通过国际会议解决争端的先例。中世纪时罗马教皇也曾召开万国宗教会议,参加者不仅有僧侣代表,还有世俗国君的代表,但讨论的是宗教世俗问题,具有浓厚的宗教特色。具有历史意义的欧洲第一个政治性的国际会议应是 1814 年 9 月至 1815 年 6 月的维也纳会议。拿破仑战争结束之后,相互敌对多年的 6 个欧洲君主举行了会议,重新调整欧洲各国的疆界,达成了新的"力量平衡",使欧洲强国的均势得以持续 30 余年。19 世纪,国际会议日趋频繁,成为国际生活的重要组成部分,以至有人称 19 世纪为"国际会议的世纪"。

今天,历史进入了信息时代。尽管借助于各种现代通信设备,人与人之间的信息交流已经非常便捷,但这并不能取代人与人之间面对面的会议。相反,会议的数量在增加,会议借助现代信息技术的手段,组织工作更加科学化、规范化,会议正成为一个不容小觑的产业并在世界各国蓬勃发展。古代的会议多在政治领域,如今,商务会议已经是会议产业的主角。会议活动作为人与人之间传播信息、交流思想、解决问题的有效手段,将伴随着人类的全部生存与发展史。

世界上关于会展的起源,现在尚处于探讨和研究中,还没有统一的看法。不过大致有两种说法,即"物物交换"说和"集市、庙会演变"说。

一、"物物交换"说

原始社会后期新石器时代,人类完成了第一次社会大分工,生产力的发展起步促使剩余产品的出现,产生了交换剩余产品的需要,并促使最初的交换活动出现。最初的物品交换是偶然的,时间和地点也不固定,交换的规模主要局限于个人对个人,交换的成功率也不高。并且物物交换的双方都既是买方又是卖方,人们使用以物易物的方式,交换自己所需要的物资,如一头羊换一把石斧。

这里的物物交换我们认为已经具备了会展业的某些特征,如它的功能是交易或者传递信息。但是与我们现在的展览还是有很大的差距,如时间和地点的随意性、交换活动的偶然性和交易规模的局限性等。

二、"集市、庙会演变"说

随着生产力的进一步发展,剩余产品的数量和种类大量增加,需要交换的次数在增加,规模也在扩大,因此,交换的规模和产品种类也在大量增加,最初的物物交换形式已经不能满足要求,具有相对固定地点和固定时间的集市出现了。我们一般将集市认为是物物交换的进一步发展,伴随着最初货币的出现,这种交易越来越适应生产力发展的需要。

庙会又称"庙市"或"节场",是指在寺庙或祭祀场所附近聚会,进行的祭神、娱乐和购物等活动,现在已经成为中华文化传统的节日风俗。在寺庙或者祭祀场所附近,每有祭祀活动,很多的信徒会从四面八方聚集过来,一些个体生产者、小商小贩也会趁机兜售商品。时间久了,在寺庙或者祭祀场所附近就形成了固定的集市,这样的集市是由于宗教活动而产生的,并且固定在寺庙和祭祀场所附近。庙会的内容更加的广泛丰富,除了主要的祭祀活动外,还有交易、文化、娱乐和表演等活动出现。"庙会演变"说也被称为"巫术礼仪与祭祀"说。

但是集市、庙会和我们现代的会展活动还是有很大的差别:一是缺乏组织性,参与到集市上的人员是自发的、随意的,不是经过专门组织的,带来交易的产品也是随意的,没有专门的规定;二是规模相对较小,受制于交易产品的种类、数量以及当时的人口数量,集市交易规模依然偏小,和现代展览动辄几万人参与,成千上万件商品展出相比,差距还比较远。但是集市、庙会交易依然可被认为是会展的雏形。

清代后期,随着资本主义商品经济的发展,中国早期的博览会出现。当时,为抵制洋货,推行国货,北京、上海等地受海外博览会影响,曾先后举办过几届"国货展览会"。主办者都是租借私家别墅、商店、旅店和寺庙等进行布展。

中华人民共和国成立至 20 世纪 80 年代初期,中国的展览会主要为国家的单独展览。1978 年,中国国际贸易促进委员会(以下简称贸促会)在北京成功举办了"十二国农业机械展览会",这是 1949 年以来中国首次举办国际博览会,标志着中国展览业由起步期的"单国展览时期"向蓬勃发展阶段的"国际展览时期"过渡。

1984 年,中国国际展览中心建成,成为北京 20 世纪 80 年代十大著名建筑之一。

1986 年,我国最早从事展览器材开发、研制和生产的专业化公司——中国常州灵通展览有限公司成立。

1989 年 6 月,深圳国际展览中心建立,拉开了深圳展览业的帷幕。

1995 年我国首家中外合资展览公司京慕国际展览有限公司面世,是由慕尼黑国际博览集团亚洲公司和中国国际展览中心集团公司共同组建的中国展览业内第一家合资公司,同时也是慕尼黑国际博览会公司在中国的总代理。

1999 年,深圳中国国际高新技术成果交易会展览中心(以下简称高交会馆)成立,将展览业带进了新的时代。

20 世纪 90 年代末开始,全国明确提出将会展经济作为新的增长点的城市多达三四十个:环渤海会展经济带有北京、天津、大连、廊坊;珠三角会展经济带则由中国香港、广州、深圳、东莞(包括其属下的厚街镇)等领衔;长三角会展经济带除上海外,宁波、杭州、苏州、南京甚至更外围的合肥,都把会展业作为发展重点;西南地区中,最富经济活力的成都和举办过世博会的昆明势头最旺。

2010 年上海世博会以"城市,让生活更美好"(Better City, Better Life)为主题,总投资达 450 亿元人民币,创造了世界博览会史上最大规模纪录,同时超过 7 000 万的参观人数也创下了历届世博之最。2010 年的上海世博会,半年会期吸引参观者超过

7 300万人次,运营收入中门票收入占最大份额。共计 73.55 亿元;其次是赞助收入,达 39.73 亿元。而且带动了上海及周边的江苏、浙江各大旅游景点的旅游客流量,据调查 70%以上客流来自上海观博人群,各大景点收入成倍增长。

第二节　中国会展设计的发展特点

一、我国会展业处于市场发展的初级阶段

经过 30 年发展,我国会展业出现"潮涌现象"。会展业作为一个朝阳产业,完全是"新的、有前景的产业",且已经具备发生"潮涌"的三个基本条件,即技术成熟、产品市场存在、处在世界产业链内部。从数量规模来看,会展项目从 2001 年突破 2 000 个,到 2002 年超过 3 000 个,2005 年约为 3 800 个,2007 年为 4 000 个,2008 到 2010 年一直约为 4 500～5 500 个,2011 年约为 6 000 个,2013 年项目为 7 083 个,且项目规模继续扩大。我国会展业发生"潮涌现象"的逻辑演进路径清晰(如图 1-1)。但是,总体来说,我国会展业发展的整体水平与发达国家比较,仍显示出相当的差距。

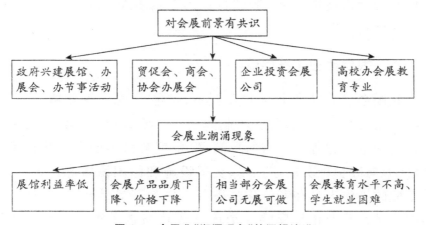

图 1-1　会展业"潮涌现象"的逻辑演进

（一）会展业市场化程度低

在我国，一方面，会展业还处于起步阶段，没有形成相应市场规范，在展会的场馆设施、档次和规模等方面没有统一的行业标准，也无法实现行业自律；另一方面，当前我国会展业实行的是项目审批制，形成了从中央政府、地方政府到行业主管部门的多层次、多渠道审批格局，因此，在行政审批上也相对比较混乱，这就无形中降低了会展业的进入门槛，使整个行业处于无序状态中。政府办展导致会展业务一定程度的垄断，很多大型会展还垄断在一些非市场化的组织者手中。会展企业总数有限，且都是刚刚起步，市场分割严重，更少出现以大型企业为核心的会展企业集团，一定的市场集中度尚未形成。众多会展企业的特点是规模小、专业性不强、组展范围受限制、办展质量不高、竞争力和市场占有率较低。规模不大、档次不高、创新不足的"粗放型"经营阶段，有待向集约化、专业化方向推进，从单纯的总量扩张转向规模扩大和结构效益并举。总之，我国会展业发展所必须的统一、开放、竞争、有序的全国会展业市场有待进一步发展。我国会展业的资源配置、地域布局对行政的依赖度还相当高，会展经营者在以市场手段开展经营活动的背后，隐藏着对政府、行业部门的依托，行政条块对会展市场的分割，造成行业内市场竞争不充分，影响行业资源的优化配置。

（二）会展产业化程度低

我国会展业的产业化程度低下，不能形成一整套功能完备、核心突出、配套齐全的会展产业体系。主要表现为：第一，会展硬件设施的专业化程度已有所提高，但是配套设施的专业化程度不高，例如与展会配套的停车场、货运设施和休闲设施等。第二，缺少专业的工作人员和专业化的服务。作为服务性行业，会展行业的服务是否专业化是反映一个展会成功与否的重要指标。我国亟须在会展策划、招展布展、技术支持、运输物流以及市场营销等方面培养专业人才。第三,会展企业的独立办展能力有待提高,特别是在策划和组织方面。同一批人员既是展览组织者,又是展览管理者,也是展览项目的实施者,从展品征集到展品运输、展品布置直至为参展者提供吃住行服务等均由同一批人承担,在很大程度上阻碍了社会化分工带来的高效率。为此,我国的会展企业必须尽快改革运作方式和经营思路,形成有效的分布格局,运用兼并、收购或联合等手段进行资源整合,组建会展集团,提高企业运作的质量和层次。

(三)会展同质化严重

中国的展览会项目数量一年高达近 8 000 个,其中中等规模以上的展览会有 3 000 个,从数量上看,可能已居世界第一。据不完全统计,仅广州市平均每年举行的展览就超过 1 000 个。但在繁荣的会展经济背后存在着展会同质化、重复办展、克隆办展、展期相近、展题相似等问题,资源配置和利用率降低,形成大量的浪费。大型的服装展仅广州每年就有 10 个以上,环保展全国一年也有 40 多个。展会的主题定位不明确和提供的服务不完善,弱化了展览的权威性,不利于形成品牌,分散了公众和厂商的注意力,降低了展会的经济效益和社会效益。无论是出国展览,还是国内办展,大多数办展单位仍把工作的重点放在热点展览项目的争夺和政府财政支持的争取上,而没有把主要精力放在采取措施提高办展服务的质量、档次、种类和服务规范上,展会主要是"租层位,卖门票",会展业的经济价值和社会价值都未得到充分挖掘。

二、我国会展业管理建设应持续加强

(一)我国会展场馆建设无序扩张

我国展览场馆建设出现一股热潮,但布局、结构并不十分合理,存在低水平重复建设的现象。一些地方展览场馆的建设并没有认真考虑市场需求，没有认真考虑是否符合会展业发展的规律，更多地体现了地方政府的意志，而不是一种满足产业自身发展需求的市场行为。这也反映出当前对会展业发展存在认识上的误区，以为只要有了高规格、大规模的展览场馆，就能兴办高质量的展览，就能发展当地的会展经济和带动其他方面的发展。其实，场馆本身只是一个条件，并不能自动创造市场。展览业作为一个特殊产业，主办单位的服务水准影响了展览企业的可持续发展。谁拥有良好的服务理念，就会赢得展商和观众。实践表明，展馆建设布局不合理，建设过多、过快，必然会造成场馆闲置和社会资源的浪费。

（二）行业关联度低，经济辐射力小

我国会展经济产业要素松散、产业关联脱节主要表现为会展经济发展在管理体制、市场预测、宣传促销、配套服务等方面没有实现良好的对接。这种产业要素的脱节直接导致了会展经济联动优势的丧失，降低了会展经济的连带效应。据专家估计，德国的柏林、汉诺威连带效应为 1：9；巴西的里约热内卢及意大利的威尼斯和米兰可达 1：8；西班牙的加迪斯可达 1：10。目前，我国展会带来的直接收入是标准摊位费用的 5 倍，如果再加上展览交易成果、交流与引进高新技术所产生的链接经济效益，带来的相关收入大约是标准摊位费的 6～7 倍。我国上海连带效益为 1：6；北京为 1：5；广州为 1：6.5；天津为 1：6 等。我国展会平均产值 280 万元人民币/个；而德国的展览会每年总数在 300 个上下，形成的产值规模是德国 GDP 的 1%，平均产值近 1 000 万欧元/个。我国展览会和展览公司数倍、甚至是数十倍于国际展览强国，但整个展览产值规模不及人家 1/35。

（三）我国会展业管理体制的滞后性

多年来，我国会展业一直未被当成一个独立的产业来规划发展，从上到下只是把它当成发展贸易、科技和文化等"主业"的一种促进手段,因此,国家对会展实行分类管理和分级管理,相应的把对会展的宏观管理分散到外经贸、内贸、科技、文化和贸促会部门,以致政出多门、交叉扯皮现象严重。政府一方面对会展活动的具体运作干预太多,过多地插手展会的管理运作过程,政府机构繁杂的手续和非专业化的管理,极大地阻碍了会展经济的市场化进程和会展业管理运作效率,导致了我国会展经济多头办展、重复办展、低层次办展等现象的发生。而另一方面政府在会展业基础设施建设和整体促销等重要问题上又没有发挥应有的作用。

(1)政府职能定位不清。政府在行业管理中应该有一个清晰的职能定位,这是世界贸易组织(WTO)对各国政府的要求。政府主要职能是加强宏观调控,制定行业法律规范,完善市场功能和市场机制,鼓励社会中介组织和行业协会的发展,减少政府干预。我国的会展审批制使政府对会展业有着很强的行政干预,而这种干预又不像德国或法国政府所表现的对会展业的大力支持,主要显现的是对审批权的行使,造成了会展企业之间的不公平竞争。政府"越位"和政府"缺位"同时存在,不利于会展市场的规范,也不利于政府的角色转化。

(2)会展业协会发育不健全。行业协会作为社会中介机构,是非盈利团体。我国虽有一些地方展览协会,但尚无全国性的行业协会,会展业的行业自律机制、宏观指导和整体协调功能都还很不完善,制约了会展经济的发展。会展业行业管理体制的不健全,导致没有专职部门全权负责国际、国内会议及展览界之间的横向交流与联系,这既不利于提高我国会展业的国际化水平,也无法协调各地展会的内容、层次和频率。[①]

第三节　中国会展先锋——香港

香港,被誉为"亚洲会展之都"。香港会议展览中心总占地面

---

① 剧宇宏.我国会展业可持续发展研究[M].北京:中国法制出版社,2014

积 25 万平方米,是仅次于日本东京国际展览中心的亚洲第二大展览中心。亚洲国际博览馆是香港最大的国际展览及活动场馆,亦是全世界唯一一个与国际机场结合,并拥有内置地铁站的场馆,提供超过 70 000 平方米的可租用面积和逾 66 000 平方米的展览面积。同时,展馆具有一系列完善的会议设施,从 12 人的小型会议,到多达逾 3 万与会人士的大型活动,均可应付自如。香港发展会展业外部环境优良:香港被誉为"亚洲四小龙"之一,城市综合经济实力强;香港位居东南亚各国中心,自香港开埠以来,就发挥其重要港口和转口港的作用;拥有 18 万余家贸易公司,其中跨国公司逾 800 家。

香港会展经济带动了本地旅游、酒店、零售和餐饮业的发展,为香港创造新的就业机会。根据香港会展协会统计,每年展览业为香港经济带来 264 亿港币的收入,约占香港 GDP 总值的 1.8%。其中,展览业带来的直接收入达 132 亿港币,包括 82 亿港币的访客个人开支带来的进账和 50 亿港币的活动主办机构和参展商开支。由服务供应商为展览业向第三者采购货品及服务而带来的间接开支达 79 亿港币。展览及相关行业从业人员在本地消费带来的连带开支总额达 53 亿港币。同时,展览业为香港政府带来约 9.7 亿港币的税收。

第四节　中国内地一线城市会展

原商务部国际经济贸易合作研究院副院长(现任商务部政策研究室主任)沈丹阳先生预言,中国有条件产生两个国际会展城市,它们将在北京、上海、广州之间产生。比起二线城市对区域会展中心城市地位的争夺,三者的竞争表面上似乎没有那么激烈,实际上则不然,三个城市都憋足了劲,角力中国会展中心。

中国会展旅游得天独厚的城市,毫无疑问应该首推北京。作为中国的首都,保存最为完整的历史文化名城,经济和商业中心,北京的会展旅游资源可谓丰富多彩、取之不竭。然而北京的自然环境、服务意识、交通状况都需进一步改善。

20世纪90年代开始迅速崛起的上海,如今已初具国际经济、金融、贸易中心城市雏形。2012年上海的人均GDP已超过13 000美元,达到中等发达国家水平,服务业在GDP中占据半壁江山,具备了国际博览会联盟认定的会展业"强势增长"的条件。上海很早就意识到会展经济在其建设国际化大都市进程中可能发挥的至关重要的作用,因而将其列入了重点扶持和发展的都市型服务业序列,在市场准入、场馆建设、行业管理、人才培养、国际交流等方面加大了开放与投入的力度。近十几年来,上海全国性或国际性展会的数量以每年近20%的速度递增。2010年世界博览会的成功举办,更使上海会展业吸引了全球的目光。

广州拥有的"广交会"而今已过百届,一度是中国唯一的对外经贸窗口,其影响力至今无与伦比。加上粤语文化圈独特的吸引力,对东南亚先天具有文化上的亲和力,因此前景依然看好。

只要战略对位,以中国经济在世界格局中的地位和影响,以"中国制造"日渐深入人心(会展业特别青睐制造业)为背景,在不久的将来形成两大世界级会展中心城市,应该是顺理成章、水到渠成的事情。当然,三驾马车鼎立世界展览业也并非不可能,面积不过35万多平方公里,人口8 000余万的德国不是就有五六个世界级的会展城市吗?

我们可以归纳几点提纲。

北京优势:

(1)政治中心,政治资源丰富,发展会议经济条件无可替代。

(2)文化中心,文化资源丰富。

(3)历史名城,旅游资源丰富。

上海优势:

(1)经济中心,经济总量优势远超其他城市。

(2)国际化程度较高,传统的商业文化适宜发展现代服务业。

(3)地理位置,背靠长三角强大的经济基础。

(4)世博会的带动和示范效应明显。

广州优势：

(1)历史开埠较早的传统,早发优势依然显著,一年两届的广交会带动作用相当大。

(2)周边会展资源相当丰富。

(3)经济基础雄厚,广东依然是经济第一强省,更有接近港澳得天独厚的优势。

鉴于会展主要是国际性的经济活动,加之 2010 世博会的示范带动效应,上海发展会展经济似乎条件更佳,可能率先脱颖而出。

第五节　中国特色会展城市

一、青岛

青岛地处山东半岛东南部,是一座独具特色的海滨城市。目前,青岛已是中国重要的外贸口岸和海洋科研基地,中外著名的风景旅游胜地。1991 年,在青岛建制百年庆典之时,由国家有关部委和青岛市人民政府共同创办了首届国际啤酒节,至 2012 年已经主办了 22 届。经过多年的探索和创新,青岛国际啤酒节已成为国内最大的酒类节庆。

2005 年 12 月,青岛啤酒节被国际节庆协会(IFEA)评为中国最具影响力的活动之一。2006 年 4 月,在南京举办的 2005 年度中国会展(节事)财富产业年度评选颁奖会上,荣登"2005 年度中国十大节庆"排行榜之首,成为中国节庆活动的著名品牌。分析青岛国际啤酒节的成功经验,能给其他节庆文化项目的举办带来很大启发。

青岛,古称胶澳,公元 1891 年(清光绪十七年)6 月 14 日,清政府在胶澳设防,是青岛建制的开始。1903 年,德国人在青岛开设啤酒厂,从此,啤酒这一充满西方文化元素的"液体面包"开始了在古老中国的流行之旅。

　　时光荏苒,岁月如梭。100年,在历史长河中只是一瞬,然而对于处于激烈变革时代的青岛来说,无异于经历了一次脱胎换骨的质变。这个胶东半岛昔日的小镇已经发展成为一个国际性大都市、我国重要的沿海开放城市和华东地区仅次于上海的第二大经济中心城市。

图1-2　青岛啤酒节

　　每个来到青岛的人,几乎都想一品青岛啤酒,在品饮时获得乐趣,体验和感受啤酒的美味。于是,在青岛百年建制庆典之际,有关决策者们做出了一个十分富有想象力的英明决定:举办青岛国际啤酒节。

　　啤酒节的创意者们借鉴国外啤酒节的先进经验,充分发挥百年青岛啤酒的品牌效应,广邀国内外著名啤酒品牌参加,在青岛拉开了"啤酒狂欢节"的序幕。由青岛市人民政府主办,青岛啤酒厂承办的首届青岛啤酒节,开展了啤酒品饮、艺术巡游、文艺晚会、饮酒大赛、旅游胜地、经贸展览等活动,把青岛融入了一片欢乐的海洋。借此契机,创意者们趁势打造青岛品牌。青岛,是一个拥有众多品牌的城市,青岛啤酒、海尔电器、海信电视、双星运动产品、澳柯玛冰柜等品牌璀璨夺目。如今,植根于青岛啤酒百年润泽的沃土上而发展起来的青岛国际啤酒节已经成为著名的品牌节庆活动,使得"百年青岛"的品牌形象愈加深入人心,并焕发出时代的光彩。品牌战略让青岛的经济和社会发展进入了一个全新的境界,它已超越了经济现象本身,从更广泛的意义而言,已成为一种创建城市品牌的文化现象。

啤酒对欧洲人来说是日常生活中不可或缺的饮料。对于国人来说,则只是酒类的一种。随着青岛啤酒、哈尔滨啤酒、燕京啤酒等国产品牌的出现,啤酒也受到国人的青睐。在青岛,市民们已经把青岛啤酒当作自己的孩子一样来关爱,成为他们生活习惯和消费的首选。青岛啤酒中蕴含的满足和狂欢精神早就打破了高雅与通俗、达官贵族与民众之间的隔阂,迎合了现代人回归人性和自我的心理本性。每逢夏天,青岛市民用塑料袋把鲜啤酒带回家饮用的现象成了青岛一景。

青岛啤酒不仅体现了青岛平民文化精神,而且大大影响了普通市民的生活方式。青岛国际啤酒节的组织者正是深深地知晓了青岛啤酒在市民中所拥有的深厚基础和广泛的影响,于是牢牢把握住机遇,借青岛百年庆典之机乘势而谋。啤酒节紧扣节庆主题,注重弘扬青岛啤酒百年品牌所积淀的厚重的文化内涵,因为这种文化内涵已深深地渗入青岛城市的精神风貌中,成为青岛城市文化的重要元素。为此,节庆创意者与中央电视台等媒体先后举办了《梦想中国》全国获奖选手半决赛、歌手大赛、摄影大赛、奥运会帆船展、艺术巡游等一系列文化活动,为欢快热烈的节日气氛增添了更多的文化元素,成为提升城市文化品位、弘扬百年优越文化的实践者,承担特殊的文化使命。功夫不负有心人,首届青岛国际啤酒节一经举办便获得极大成功。从某种意义上讲,青岛、青岛啤酒、青岛国际啤酒节可以说是奏响了一曲在文化上一脉相承的华彩乐章。

城市形象(或城市品位)是城市内外部公众对一个城市的物质形态和精神形态所得出的印象和评价。城市形象会影响城市的生存和发展,成功的节庆活动可以提高城市品位,使城市形象增色生辉。青岛国际啤酒节结合自己的历史传统、民俗风情、产业特色举办的极富个性的活动,吸引了世人的眼球,汇聚了强劲的人气。青岛市的城市历史、自然风光、特色文化、发展潜力等都得到全方位、多角度的展示,使每一个节庆参加者都能真切感受到。城市品位是一个城市文化脉络的内在体现和当地经济及社会发展的外在表现的有机结合。啤酒节举办的各类活动,提供了各种新思想、新观念、新文化相互交流碰撞以及学习的机会。每届啤酒节参加者都在百万以上,这些来自不同国家、地区、民族的参加者不仅生活习惯有异,文化背景也不尽相同,不同文明或文化的交流碰撞,必然带来青岛城市文化的融合与创新,使城市的形象更加鲜明、生动、丰满,城市的品位也愈加提升。青岛啤酒虽然有着比较高的知名度,但由于啤酒有着很强的区域性的特征,想要打开全国市场,还是有一定难度的。所以,青岛国际啤酒节便应运而生,青岛国际啤酒节在整个营销运作上是非常成功的。

青岛国际啤酒节的成功让青岛啤酒成了人尽皆知的品牌,成功地赋予了品牌活力。在历届的啤酒节上,主办方都想尽各种办法来使青岛啤酒更显年轻化、时尚化,充分运用了营销的方法,做活了青岛国际啤酒节,例如:节日由开幕式、啤酒品饮、文艺晚会艺术巡游、文体娱乐、饮酒大赛、旅游休闲、经贸展览、闭幕式晚会等活动组成。节日期间,青岛的大街小巷装点一新,举城狂欢;这些活动不仅丰富了啤酒节的内容,同样也提高了青岛在国际上的知名度,真正达到了"以节养节"。

青岛国际啤酒节从一个小型啤酒会到今天的亚洲第一大啤酒节,期间不乏组织者精心的市场运作。青岛啤酒节主要从以下几个方面扩大了啤酒节的知名度,成功地对啤酒节进行了营销。

(1)兴建啤酒城。占地近500亩、拥有近30项世界先进的大型娱乐设施的国际啤酒城内酒香四溢、激情荡漾。每年都吸引超过20个世界知名啤酒厂商参节,也吸引来近300万海内外游客举杯相聚。啤酒城的落成是啤酒节名扬海内外的基础,它为各方游客提供了相聚的场地,为啤酒节的市场拓展做了准备。

（2）强势的媒体宣传。2005 年 8 月 13 日开幕的 15 届青岛国际啤酒节由我国台湾东森电视台和山东卫视合作，将开幕典礼向亚洲、欧美等地区进行同步连线转播，同时也与新浪网合作进行网上视频直播，做足了广告宣传，充分运用了传媒对大众的影响，扩大了青岛国际啤酒节的知名度，引来了更多的赞助商和参展商。

青岛啤酒节还提出了"青岛与世界干杯"口号，这个响亮的口号成功地把青岛啤酒节打造成国际的品牌展览。

（3）促销活动的运作。啤酒节上的各种活动，是组织者进行的另一种形式的促销，比如竞饮比赛和文化娱乐。主办方把啤酒节的关注度、新闻性与消费者紧密地联系在一起，通过啤酒节这一活动来推广青岛啤酒的品牌，同时，不断提升的品牌知名度又反过来促进了啤酒节的品牌形象，充分运用了营销中的"品牌效应"。

（4）冠军品质金牌服务。2008 年，紧随奥运的号角，啤酒节指挥部重磅推出"金牌"服务，微笑迎接四海宾朋、周到服务八方来客，用开拓进取、精益求精的"冠军品质"营造舒适的参节环境，令广大市民游客在感受到激情欢腾的同时，倍感舒心畅快。

（5）艺术巡游老外展风采。青岛国际啤酒节还举办了艺术巡游，为来自五湖四海的朋友搭建了展示自己的舞台，同时也扩大了啤酒节的知名度。这些来自国外的队伍表演了有自己本国文化气息及特色的节目，为啤酒节艺术巡游增添异域风情，共同庆祝奥运会的胜利召开。

青岛国际啤酒节以国际市场为目标，主办方从最初的策划至今，都围绕着要把青岛国际啤酒节打造成国际的品牌展。根据这一目标，青岛政府首先建成了啤酒城，向进入国际市场迈出了第一步，同时，啤酒节还邀请了世界各国的啤酒制造商和啤酒爱好者来到青岛，提升了青岛啤酒节的国际性。

青岛国际啤酒节已经成功地走向了市场化的道路，它成功地运用了营销效应，使青岛啤酒节成为国内外优秀的节庆日。综观全球会展的发展趋势,从青岛国际啤酒节成功的营销方法可以看出,无论是商业化的产品展,还是冠以文化、公益名义的青岛啤酒节,都越来越呈现与营销接轨的趋势,各经济组织都试图通过营销这一理念来提高展会的美誉度、客户忠实度等。此外,青岛国际啤酒节逐步积累了其品牌的核心资产:品牌知名度、品质认知度、品牌联想度和品牌忠诚度。

二、杭州

杭州是国家首批命名的中国最佳旅游城市和历史文化名城,素以"人间天堂""文化之都""丝绸之府""茶叶之都""鱼米之乡"等称号享誉天下。近年来,杭州市大力实施"环境立市",积极倡导"和谐创业",努力营造"精神和谐、大气开放"的人文精神和"鼓励成功、宽容失败"的创业氛围,投资创业环境不断优化,风景更加秀丽,景色更加迷人,西湖更加璀璨夺目。改革开放以来,杭州经济快速发展,经济总量连续多年居全国省会城市第二位,人均GDP 突破 5 000 美元。杭州先后荣获"国际花园""联合国人居环境奖""中国最佳旅游城市"等 10 多项国家级、世界级"桂冠",并连续两年被世界银行评为"中国城市总体投资环境最佳城市"第一名,被美国《福布斯》杂志评为"中国最佳商业城市排行榜"第一名,被《瞭望》东方周刊评为"最具幸福感的城市"。

2006 年首届杭州世界休闲博览大会从 4 月 22 日开幕至 10 月 22 日闭幕,历时 184 天。范围包括休博园主会场和市内、市外十个分会场在内,内容涉及会展、旅游、节庆、文化、体育、经贸等各方面的 240 项活动,全部完成并取得圆满成功。这个开启了中国休闲元年的盛会,创造了很多令人敬佩的奇迹,在以下 7 种休博会的创意中得到了体现。

(一)数字休博会

休博会期间,围绕"休闲——改变人类生活""和谐生活、和谐创业"的主题,举办了 240 个会议、展览、文体和商贸旅游活动项目;杭州市共接待中外游客 2 040 万人次(境外游客 102 万人次),市外五大分会场接待中外游客数 2 662.13 万人次,3 422 万中外来宾和市民直接参与了休博会(含分会场)活动项目,仅"一湖三园"就接待游客 564.2 万人次;共实现贸易成交额 120 亿元人民币和 1.64 亿美元。协议利用外资 10.17 亿美元,引进内资108.34亿元,会前设定的目标全部超额完成。

(二)论坛休博会

休博会策划、举办了 43 项高规格、高档次的专业论坛和会展。这是在大型综合性博览会中举办论坛数最多的一次。在以"休闲共识与中国发展"为主题的世界休闲高层论坛上,吴仪做了题为"积极发展休闲服务,不断提高生活质量"的主题演讲,引起了强烈反响。国家领导人的参与和诸多论坛、会展的举办,传播了先进的休闲理念,提高了杭州作为休闲城市的知名度,为休闲产业的发展提供了强有力的理论支持。

(三)创新休博会

早在 2006 年杭州世界休闲博览会组委会第一次全体会议上,中共浙江省委常委、杭州市委书记王国平明确提出,必须用新思路、新举措、新局面、新突破 4 个"新"的要求来办好世界休闲博览会。改革创新要坚持两条基本原则:一是"政府主办、企业参与、市场化运作";二是"整合资源、开放办展"。王国平的 4"新"和两条基本原则成为办好休博会的指导思想,一切项目的策划、实施都围绕着指导思想在展开。

1.创新的办会理念

按"政府主办、企业参与、市场运作"的原则,形成以市场机制为主体的创新模式。这就是说,杭州世界休闲博览会以政府为主办方,以民营企业为主体进行全方位的发动,使全社会的力量接着跟进;充分尊重市场,让市场实现对各类资源的最佳配置,保证会展的各项工作的顺利开展。这种创新模式在中国尚属首次,完全不同于国内其他各类大型国际性会展活动,也只有在浙江这样民营经济高度发展的省份才可能产生。民营企业作为承办和投资主体,在"一湖三园"的建设中,除了湘湖旅游度假区由萧山区政府投资外,其余三园均由民营企业作为投资主体。其中占地3 000亩,集休闲、旅游、度假会展、人居为一体的休闲博览园,由承办单位之一的宋城集团投资35亿元建设;占地2 700亩以周易八卦布局,集儒、释、道家同构建筑展示东方传统文化的东方文化园,由中强集团投资10亿元建设;占地1 800余亩,集客房、餐饮、商务为一体的世界休闲风情园由万达集团投资12亿元建设。休博会期间涉及休闲旅游、文化活动、会议培训和展览展示四大类约240个项目中的近50%,由社会主体承办或主办。这种创新模式,不仅摆脱了过去综合性大型博览会仅仅依靠政府财政大量投入的方式,还带动了一个新兴休闲产业的兴起、培育和增长。其意义是极为深远的。它不仅反映了浙江市场体制的充分完善,也为中国会展业将来的发展进行了一次很好的创新实践,它必将在全国范围内产生广泛的示范作用。

2. 创新的举办模式

杭州世界休闲博览会搭建了供世界各地展示与交流独特的城市风情与历史文化的百座城市休闲风情馆,吸引了26个国家和地区的88个休闲旅游城市、组织机构和27家企业设立展馆,并在那里开展城市周、城市日活动和众多的文化旅游经济交流活动。总之,在杭州举办世界休闲博览会能充分展示城市休闲风情、城市创意水准和城市地域休闲文化,并能极大推动中外休闲文化的交流,这些成就大大提升了杭州、浙江的国际知名度。举办一个没有围墙的博览会,以此构建了另外一种创新模式。

在杭州市外的绍兴、黄山、安吉、诸暨、周庄和市内的富阳、建德、桐庐、临安、淳安等地,杭州世界休闲博览会创建了10个分会场,由此形成了长三角浙苏皖黄金休闲产业带,体现了休博会于时空的跨越。所有这一切,打破了过去省自为战、市自为战的旅游市场的割据局面。实现了优势互补、资源互用的局面,有效促进了以杭州为休闲旅游中心大都市圈的形成。

3.创新的营销手段

为了宣传休博会,吸引更多的休闲城市参与,组委会组织了 7 支国际小分队,分别赴欧洲、美洲、大洋洲、亚洲的 40 余个国家的城市走访;5 支国内的小分队,分别走访 20 多个国内的重点休闲城市,实施点对点的营销。杭州市委、市政府还规定,凡杭州市有其访问任务的团队,必须把推介、宣传休博会作为一项共同的任务。同时,利用参加大量的国际休闲业专题会议、旅游博览会的机会推广营销。此外,根据休博会的筹备工作进度,还分别在北京、上海、广州、香港等地举行新闻发布会,利用中外媒体进行多样式的宣传推广。休博会的最终成果表明,这些营销手段都十分有效。

4.创新的组织架构

此前在国内举办大型综合性国际活动,国际组织参与得并不多,通常只有 1～2 家作为主办或支持单位,但这次休博会却有大量国际组织介入。主办单位是世界休闲组织(WL),世界旅游组织(WTO)、世界旅游和旅行协会(WTTC)、亚洲太平洋旅游协会(PATA)、国际旅游合作伙伴协会(ICTP)、香港贸发局等,都作为支持单位参与休博会。这些国际和地区性组织的参与,极大地强化了休博会的国际色彩。

(四)亲民休博会

休博会坚持以人为本,通过传播先进的休闲理念,倡导健康的休闲方式,推动和繁荣休闲产业,提高城市的休闲服务水平,丰富人们的休闲体验,展现人与自然的和谐相处。由此教会人们享受更加美好的生活,最大限度地体现人文关怀。为了极大地便于市民和游客参加,交通部门详细制订了休博会的交通组织方案,在"一湖三园"增加了5条线路"运力"和延长了1条线路,还新增了3条线路,以便扩大市民的参与度,如开幕式、狂欢节等重大活动。与此同时,承办者又安排电视直播或录播,通过电视让更多的普通市民共享休博会。为提供优质服务,市级有关部门还组织"一起快乐、一起休闲、社会各界免费参观休博会"活动,让老红军、老干部、社区干部群众、残疾人、环卫工人、下岗失业人员、外来务工者和台胞台商共同关注、参与休博会。

(五)节俭休博会

按照建设节约型社会的要求,休博会从注重实效出发,尽量简化仪式,不鼓励项目单位举办招待酒会和剪彩仪式;同时,尽可能地节俭办会,十分注重投入产出的比例。

在举办项目时提倡自筹资金,自求平衡,组委会原则上不安排对项目的补贴。以开放促节俭,尽量少花钱、多办事、办好事。实行模式的创新,以民营企业为主体投资开发建设休博园、东方文化园等园区,减少省、市财政的投入和负担。

(六)文明休博会

休博与文明创建工作相结合,围绕"办会为人民、办会靠人民、办会成果由人民共享"这一主题,深入开展"文明礼仪知识万人学、文明礼仪常识万人读、文明礼仪实践万人行、文明礼仪言行万人评、文明礼仪节目(电影)万场演"的"五万"活动,让市民群众从我做起,从身边小事做起,养成文明习惯,提升文明素质;组织34万人次志愿者和2 000多支社会志愿者队伍以及驻杭州部队官兵服务休博会,由此打响了"礼仪之都,人文杭州"的品牌。

(七)安全休博会

安全工作是休博会的重中之重。为了确保安全,组委会提出了"不失一把火、不死一个人、不发生一起群体性中毒事件、不发

生一起重大政治性事件"的"四不"目标。休博会所有项目,包括
主会场与10个分会场都分别签订了"安全责任书",构筑"横向到
边,纵向到底"的安全责任网,做到预案到位、工作到位、责任到
位。在长达半年的会期中,没有发生一起重大的安全、公共卫生
事故,实现了安全、通畅、有序,为休博会的成功画上一个圆满的
句号。

图1-3　杭州休闲博览会 Logo

三、义乌

义乌市会展业依托小商品市场和地方产业,发展速度令人瞩
目,尤其是义博会,展览档次、规模、客商参会活跃程度逐年上升。
义乌从中尝到甜头,决定不遗余力发展会展业这一朝阳产业。义
乌市"十一五"规划中,确定以"义博会"为依托,提升会展业、旅
游业。

另外,新场馆的建设据说已经纳入规划,胸怀国际市场的义
乌人,在会展经济中不是讨论"无为""有为"的问题,而是要"大作
为"。

以"义博会"为龙头的义乌会展业得到了迅猛发展,每年近80
个专业展会,为民营中小企业提供了又一个产品展示和销售平
台。义乌完善的物流体系、便捷的交通运输网络、庞大的海关出
口业务量、全省三个"大通关"建设重点,都进一步巩固了义乌区
域物流中心地位,义乌作为"内陆港"的功能逐步凸显。国际商贸
城成为全国首家4A级购物旅游景区,使义乌购物旅游成为全省

最具吸引力的十大景区之一,有力地带动了周边县市的旅游业发展。

四、大连

大连是最早品尝会展经济蛋糕美味的城市之一。从发展会展经济这一颇具创意的经济发展概念,蜕变为具有巨大现实意义和社会价值的产业,会展产业带给大连的不但是经济效益,还有城市自身形象的提升。

大连曾经被国际展览联盟(UFI)亚太区主席麦高德先生列为中国内地会展城市第四名、亚洲会展城市第十一位。

在这种领先意识指导下,涌现出了大连国际服装博览会、大连进出口商品交易会、电子信息技术展、大连国际汽车展等一系列在国际国内及行业领域内有极大影响的知名展会,并成功地承办了 APEC 高官会、世界华人保险大会等大型国际会议。可以说,会展业已经成为大连市一个重要的经济增长点。

2012 年,大连市共举办展会 93 个,展出面积达到 120 万平方米。

大连国际服装节是典型的政府主导型展会,但是目前的市场化运作颇见成效。在服装节开办早期,是地道的政府行为。近几年,大连服装节开始逐步走上政府主导、协调搭台、企业唱戏的发展轨道。

大连有漂亮的城市、美丽的海滩、良好的气候条件,加之背靠东三省,在中央发展东三省老工业区的政策支持下,依托先发优势,准确定位,已成为东北地区最具影响力的会展城市,进一步辐射东北亚,潜力、空间都非常大。但是未来如何进一步扩大影响,成为当之无愧的东北亚会展之都,还需在发展策略上大胆创新,再创辉煌。

五、宁波

行走业内,常常可以听到对各城市政府推动会展工作力度的评价比较,宁波受到越来越多的重视、引来越来越多的艳羡。宁波市政府副秘书长、新闻发言人、会展办主任俞丹桦曾向笔者介绍,在展览项目推进方面,宁波通过招商引展、联合办展、积极组织自办展等多种渠道,全面创新展览项目,取得了相当不错的成效。宁波把会展业作为全市优先发展的产业,并视其为经济新的增长点,力求走出一条会展业快速发展的新路。

在整合调动资源方面,宁波下了大力气,对人才资源、资金资源、政策资源、舆论资源、组织资源、市场资源等都进行了系统的调动整合:纵向调动组织资源,将政府各工作部门的积极性调动起来;横向调动市场资源、外部资源,采取谁承办谁负责的办法,让承办单位发挥充分的作用,政府管理者可以从具体事务中脱身出来,更好地从宏观视野深思远虑。宁波会展办还创办了宁波会展网,通过统一的平台向全球推荐宁波展会,充分发挥政府公共服务功能。

在整合舆论资源方面,宁波也有创新。展会的宣传意义重大,而政府在这方面有着巨大的资源优势,基于这一认识,宁波建立了整合宣传体系,会展办统一签发的新闻,市内各大媒体都会广泛宣传,形成良好的办展氛围。

宁波的展览会不仅重视展示和交易,同时重视相关的配套活动,服装节有30多个活动,最多的展览配套活动100多个,这些活动促进深入沟通和普遍参与,增加了展会的价值。另外,这些活动和旅游、宣传等部门联动,从而通过调动政府公共资源,扩大了活动的影响。

如前所述,会展经济不仅仅和会展人相关,产业链上各个环节的服务都会影响会展产业的发展。为此,宁波会展办发起评选十佳节庆、十大会展、十佳最受欢迎酒店等活动。通过评比激发宁波会展产业链上各个环节从业人员的进取之心,规范了会展服务,调动了基层行政单位积极性和服务意识。同时,还实施了黑名单制度,列入黑名单的公司将不能在宁波办展。通过这样的制度,来维护宁波展览秩序。经过不断努力,目前宁波质量相当不错的展会有 100 个左右,有影响力的节庆活动有 30 来个。1 000 个展位以上具有相当规模的展览会已有 15 个。

通过行政手段、经济手段整合一个产业链上主题密切相关的系列展会,这样就形成了规模,充分发挥了展会的集聚效应,同时,社会效益、经济效益也都得到极大提升。

很多二线城市的会展人都意识到,政府的整合可以加速市场规范、推动会展产业发展,但是如何正确决策,如何协调各方利益?宁波会展做出了成功的示范。

宁波会展中心总经理朱飞跃认为,对外作业务创新,就是以创新满足政府、客户要求,利用档期、价格、整合几个展览会,培育几个展览会,把规模做大,影响做大。会展办利用行政手段,充分利用政府的资源,全面提升展会影响力。通过政府协调,充分调动了政府资源,取得了良好的整合效果。会展中心则利用经济手段,把几个产业链上主题小、规模小、松散、操作不规范的展览会整合在一起,形成规模展会,凸显社会效益、经济效益。

宁波会展中心以经济杠杆完成政府产业导向,以经济资源去实现政府的目标。这个思路值得借鉴。该中心不仅是一个场馆供应商,还是一个展览组织机构,即使不是会展中心自办的展览会,他们也努力提供增值服务。力争从保姆型转变成参谋型,从参谋型发展到整体策划型。最终实现能够为参展商提供整体策划服务的目标。

会展中心的服务已延伸到展馆以外,帮助主办方组织专业观众,组织参展商、专业观众的对接,从而实现主办者利益最大化,参展商利益最大化、专业观众满意度最大化。正是在这样一种思路指导下,一些巡回展在宁波创造了纪录,如制药装备展,展位超过 5 100 个,专业观众超过 5 万人次。

宁波会展人清醒地认识到,和宁波同等规格的展览馆,在全国超过 20 个,对外的宣传非常必要。不仅宁波会展中心应该宣传,宁波市也应该宣传。政府的领导已经意识到了这一点。5 个具有省级经济管理权限的城市中,宁波经济实力仅次于深圳,位居第二,而知名度却最低。这与历史上积累不足、地域上的不足有关。现在,他们正在通过自己的努力,弥补这些不足。

朱飞跃要求员工,要站在参展商的角度看效益。只有为理想而干,把自己的利益放在后面,才能创造出宁波会展业的辉煌!

中国会展业有太多的抄袭、拷贝,缺乏创新。业内盛传宁波对会展业有很多独创性的贡献,足以写进中国会展史。宁波会展人意识到,宁波作为一个经济强市,发展会展业必须走自己的独特道路,因此宁波会展从一开始就着意创新,其中最具代表性的创新事件包括:

(1)一个人的博览会。2003 年"非典"期间,公共活动受到严格限制,很多展会停办,宁波消博会也在其列,主办方尽可能地通知了所有的参展商和专业观众,并且通过各种公共媒体发布了通知。但是,他们考虑到可能会有个别外商没有能够及时得到通知,因此,宁波依然启动全套接待机制。第一天没有接到一个人,第二天,迎接到了一个,也是唯一的一个印度外商。因此被称作一个人的博览会。这样一件事情,反映了宁波人的品质特征、做生意的一贯态度,因此受到广泛的关注。

(2)广交会日记("非典"日记)被国家博物馆收藏。第 93 届广交会期间,宁波交易团团长俞丹桦记下了 3 万多字的团长日记,这本《第 93 届广交会宁波交易团团长日记》因其史料价值被中国国家博物馆作为重要文物永久性收藏。

(3)消博会设立吉祥物。宁波消博会利用吉祥物拨浪鼓,成功向全世界推广了自己的形象。广交会、华交会期间,消博会吉祥物拨浪鼓遍布展会场馆内外,不仅气球、布幔、广告牌、会刊、报纸、请柬,就连接送客商的大巴车体上也印上了拨浪鼓图案。200 面宁波代表团团旗环绕展馆外,旗帜上的拨浪鼓图案十分引人注目。让拨浪鼓无处不在。他们的目的非常明确,让参展商一看到拨浪鼓就想到消博会、想到宁波,来宁波做外贸生意。小小的拨浪鼓起到了非同寻常的作用。

（4）宁波所有展会不举办专场开幕式。和形象品牌推广过程中的张扬态度迥然不同。操作方面宁波会展业保持务实办展、节俭办展，减轻组织压力。政府主导的展会为了追求新闻效应，往往特别重视开幕式，领导出席、讲话、剪彩，新闻报道，热闹非凡。而在整合展会方面相当强势的宁波会展办，却突破性地将开幕式、招待酒会、文艺演出"三合一"同场举办。有些展会还加上颁奖典礼，"四合一"同场举办。这样就大大节约了成本，达到了节约办展、追求长效的目的。这一点，可以说体现了宁波人一贯的低调务实作风。

（5）大卫雕像落户宁波。大卫雕像是人类历史上最杰出的艺术作品，借助服装节契机落户宁波，将成为中国会展业、中国城市雕塑发展的一个里程碑。其对于提升宁波知名度、城市文化具有重大的意义。

五件看似风马牛不相及的创举有没有内在联系？笔者从中看出了端倪：五个事件都包含着一个内涵——文化营销。未来的竞争正是文化的竞争，将营销融入文化活动之中，又是宁波人先行一步的创新之举，将会展营销、城市营销提升到了一个新高度。从这些创新之举中，我们看到了宁波在未来竞争之中占领了制高点。有理由相信，宁波不但现在领先，可预见的未来还将继续领先。把宁波打造成为"长三角南翼的会展之都"，绝非空中楼阁。

六、东莞

东莞是会展发展过程中不可忽视的一个城市。东莞用于举办展会的展览场馆有9个，可展出面积达33.25万平方米。而通过东莞市委、市政府采取政府推动与市场化运作相结合的方式，已经精心扶植和培育了一系列知名展会。

"两馆合一"，风云再起。2006年4月，东莞会展经济风云再起：在所有权不变的情况下，广东东莞国际会展中心的经营权由中国国际贸易促进委员会东莞支会正式转交给广东现代国际展览中心有限公司。自此,东莞两座相距约半小时车程的大型展览馆实现了统一运作经营。

两馆合一是对东莞现有展馆设施和资源深度整合的一次有益的尝试。这一举措意味着东莞市再塑会展名城的决心和新的战略正式启动。政府主管领导明确表示,专莞的会展业"做大"没有优势,也将不会以此为目标,因此要考虑"做特做强做优"。

厚街常住居民仅 9 万多人,外来户口 40 多万(多数在工厂工作),地处珠三角中心地带,距广州、深圳、香港均在 1 小时车程之内,工业以家电、电子、鞋业为主,是港、台企业家喜欢驻足之地。一个小镇,居然有五星级酒店 3 家、四星级 4 家、三星级十几家之多。一系列展览会全国闻名,堪称全国唯一的展览名镇。

厚街的客观因素优势珠三角许多城镇都具备,为什么厚街可以在展览行业突围而出呢?第一,观念领先。以厚街为代表的东莞市镇政府对会展业的认识无疑领先了一步。第二,政府重视。早在 2006 年,东莞市政府就出台了《关于促进东莞市会展业发展的意见》,首次明确提出要打造"中国会展城市"的目标。第三,市场主导。市场主导的体制是东莞会展成功的一个重要因素。

例如,广东现代国际展览中心的投资结构中,厚街镇政府占30%,余下的由其他 29 个集体所有制或民营企业家所拥有,股东大会选出董事会,并确认总经理负责制这种现代企业经营体制,有别于其他城市全部由政府以社会效益为考虑的投资。由于投资组合中以民营企业家为主,它必然按市场方式运作,要求有回报,对管理层的压力也相对比较大,同时政府拥有 30%股权,也可以名正言顺地给予某些政策上的支持、享受收益、施加政府影响力。正是这样明确的所有权形式、有效的运营体制,促成了厚街会展业的发展。

顺应珠三角家具制造业的蓬勃发展,1999 年创办的国际名家具(东莞)展览会,已成功举办了 15 届。仅 8 年时间,就从 4 万平方米,发展到了 25 万平方米,并获得全球展览业协会(UFI)的国际化认证、全球家具业人士高度关注和广泛参与的一流专业家具展,成为世界家具业的一个奇迹。与家具展同期举办的木工机械展已突破 1 000 个展位,成为华南地区与家具相配套的展会。

第二章　会展设计基本原理

第一节　会展设计的程序与步骤

举办一个会展,要做大量的前期工作。这里概括为设计准备阶段、技术资料的收集与分析阶段、方案设计阶段、详细设计阶段、工程实施阶段。

一、设计准备阶段

(一)设计前的准备工作

设计前的准备工作主要指与设计有关,但尚未展开设计程序的工作阶段。例如弄清设计对象、制定设计进度、明确设计人物、熟悉设计有关规范与定额标准等都是设计前应准备的工作。

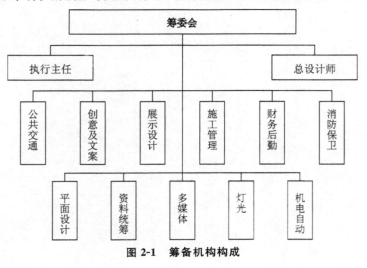

图 2-1　筹备机构构成

（二）拟定设计任务书

设计方向的掌握需要设计任务书的出台，其形式有多种，如合同、招标文件、意向协议等。不管是何种形式的设计任务书，其实质内容是相同的，包括会展展示项目的时间、地点、位置、主题、内容、材料、风格、进度、图纸等，只有拟定了设计任务书，才能更好地展开设计工作。

二、技术资料的收集与分析阶段

会展布局设计，先要对会展活动场馆进行整体分析，包括其大小、位置、图样，还要对场馆周围进行勘察，了解场馆的各种照明、电路、消防设施等。图 2-2 为某会展活动场馆总平面图。

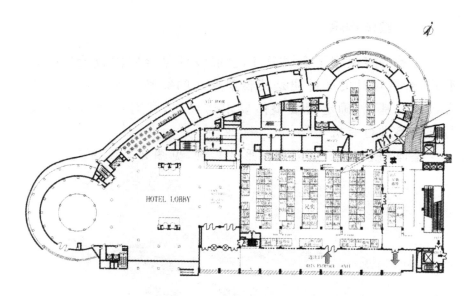

图 2-2 某会展活动场馆总平面图

为了更好地了解会展设计的内容、性质、规模，从而更好地从展品展示、技术数据、使用材料等方面来服务于会展设计，还需要与客户进行交流。

图 2-3　设计前要与客户进行认真的交流

三、方案设计阶段

（一）整体构思

会展内容决定了会展设计,会展设计是会展内容策划的表现形式,会展设计的关键便是其表现形式的突破。而前提就是明确方案设计基调,确定会展整体要求与风格,并对各功能区及人流行进线路进行有机契合。

整体构思过程,多以草图形式表现,见图 2-4、图 2-5。

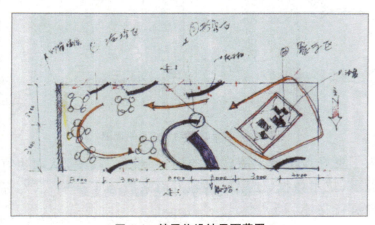

图 2-4　某展位设计平面草图

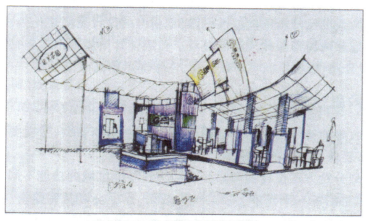

图 2-5　某展位设计效果草图

(二)方案比较

　　方案比较重点是空间组织、空间造型、人流走线、平面功能等方面经得起推敲,而且经过多方案比较,也更有利于参展商和设计方满意。

　　图 2-6 为某展位设计的多个草图方案。图 2-7 为某广告公司为客户设计的两个方案。

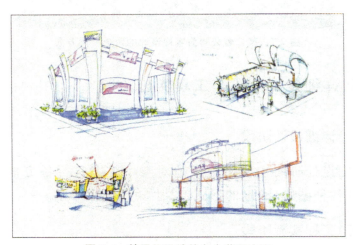

图 2-6　某展位设计的多个草图方案

图 2-7 某广告公司为客户设计的两个不同方案

四、详细设计阶段与工程实施阶段

(一)详细设计阶段

详细设计阶段主要指全面地对整个方案进行各方面详细的设计,如各种图纸,准确的形式、尺寸、色彩、材料等。

(二)工程实施阶段

工程实施阶段其实就是工程的施工,除了施工规范、进度以外,还应该考虑施工对环境、安全等的影响。

图 2-8　为会展施工现场

第二节　会展设计的形态要素

一、点的形态与运用

点是构成一切形态的基本单位,具有自由、灵活、动感强的特征和轻快、活泼、生动的个性,适用于各种构成原理和表现手法。其理想形状是圆形,可以有大小、形状、疏密、远近、空心或实心等构成组合。

图 2-9　点

点有散聚的作用,具有较强的视觉张力,点的聚集形成面。

图 2-10　线与点的结合,产生不寻常的效果

二、线的形态与运用

线是点移动的轨迹,具有位置、长度、方向,而无宽度和厚度。线有直线、曲线之分。直线给人以直接、刚直、坚定的感觉,曲线给人的是优美、流畅、变化的感觉(图 2-11)。

图 2-11　线

图 2-12　线的运用

图 2-13　水平线的纵深感

　　在展示设计应用中,曲线可以改变由单线、直线造成的冷峻、严厉的气氛,能有效地改变造型空间的形成,丰富整体效果,协调展示空间造型以及版面的设计。

・ 37 ・

图 2-14 曲线的流畅感

三、面的形态与运用

面是线移动的轨迹,具有长度、宽度、面积,而无厚度。

在立体构成中,面还有平面造型和曲面造型之分,它们都非常具有美感(图 2-15)。

图 2-15 面

图 2-16　形的运用

三角形是最具稳定性的形。具有稳重、向上、安全之感,是立体空间造型中最常见的形态。等边三角形给人一种极其稳定的金字塔般的感受。对于等腰三角形而言,若加长腰的边长,会产生耸立向上的势向。三角形的三个边角变化,会产生不同的视觉效果。如果改变等边三角形的边长产生不对称、向一角倾斜的势态,会给人一种生动之感。将三角形倒置,则完全会打破其稳定感,造成不稳定的视觉效果,因此,三角形在实际运用中需考虑它放置的角度。

在展示设计中,几何的运用不是单一的,往往是几何形的综合使用、互相结合才能创造出一个既有统一又有对比的和谐空间或平面视觉效果(图 2-17)。

四、体的形态与运用

体是面移动的轨迹,具有长度、宽度、高度、体积等特性,在形态构成中,点、线、面被理解为体分解后的局部。

图 2-17　面的综合运用

图 2-18　体

五、综合性的运用

点、线、面、体等形态构成要素的运用并非各自孤立的，而是互相并用的，如图 2-19 所示。

图 2-19　综合性运用

第三节　会展设计的形式美法则

一、　形式美法则的主要内容

形式美是指构成事物外形的物质材料的自然属性（如色彩、线条、形体、声音等）以及它们的组合规律（如整齐、比例、对称、均衡、反复、节奏、多样的统一等）所呈现出来的审美特性。

（一）稳定与比例

1.稳定

稳定与物体的重心有关。重心偏下的物体，给人以庄重稳定之感；重心偏上或左右偏移的物体，给人以不安定之感。巧妙地运用上虚下实，或加宽底部等方法，会产生活泼、新颖的视觉效果。

2. 比例

比例是指物体与物体之间以及整体与局部之间的长、高、宽等的尺度比率。

造型艺术上的比例指的是量之间的比率，如长度、面积、体积等。在展示中，不仅各种版面的设计存在着比例关系，而且展示的空间设计、展品的陈列、空间与陈列品、人与空间关系等方面都存在着比例的协调。

会展设计中常用的比例有：

(1) 黄金分割比

黄金分割比，即 1：1.618，其数学公式为短边：长边＝长边：长短两边之和。这是迄今为止全世界公认屋顶高度与屋脊长度，体现了这种黄金分割的比例关系。此项比例在日常生活中也被广泛地运用，如许多印刷品和绘图的纸张都以此为长宽比例。

在现代设计中，许多法则都已经从"黄金分割"的比例中摆脱出来，而且根据视觉艺术的规律和设计的具体要求来分配比例，追求新的视觉效果和设计的多元性。它给人以神圣、安定的美感，如图 2-20 所示。

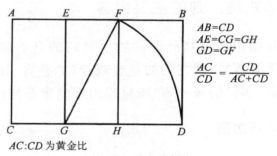

$$AB=CD$$
$$AE=CG=GH$$
$$GD=GF$$
$$\frac{AC}{CD}=\frac{CD}{AC+CD}$$

AC：CD 为黄金比

图 2-20　黄金分割比

(2) 根号数列比

根号数列比，即 1：1.44，1：1.732，1：2.1：2.236 等在立

体构成中可以运用根号比进行形体的分割与组合,或在线、面、块的推移渐变中用作空间距离的分割。它给人以渐变、过硬的美感,如图 2-21 所示。

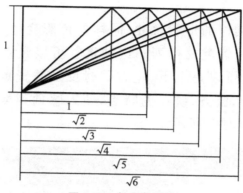

图 2-21　根号数列比

(3)等差数列比

等差数列比,即:a,a+r,a+2r,…,a+(n-1)r。

(4)等比数列比

等比数列比,即:$1,a^1,a^2,…,a^{(n-1)},a^n$。

(5)调和数列比

调和数列比,即:1/1,1/2,1/3,1/4,…这样分割下去。

(6)斐波那契数列比

费波那契数列比,即:0,1,1,2,3,5,8,13,…每项数等于前两项数之和。

(7)模数

模数,即两个变量成比例关系时的比例常数,是目前会展设计中用得最多的一种比例关系。

模数是法国勒·柯布西耶从人体的身体骨骼尺寸出发,将比例与尺度、技术与美学进行统一考虑后提出的,它将黄金分割比向前推进了一步,既适用于三维空间的设计,也适用于二维空间的设计。

会展设计中的空间布局、位置安排、形态与色彩设计、展品的陈列等都会涉及重心与比例的问题。以人为中心,设计出最合理的比例尺度,既能满足人们的使用功能,又能满足人们的视觉心理及审美要求。

(二)重复与渐变

重复是指同样的形状尺寸、同样的色彩变化、同样的明暗对比等多次反复并置重叠排列。这种重复可以是上下或左右的反复并置重叠,也可以是上下、左右同时反复并置重叠。重复并置具有简单、连续、整齐、统一的特点,使人感觉到类似音乐节奏的美学享受,如图 2-22 所示。

图 2-22　重复

渐变是指形状、位置、色彩等逐渐地、有规律地递增或递减,使之产生高低、强弱的变化。渐变与重复的相同之处在于都是按一定秩序不断地反复;不同之处是各要素在数量、形态、色彩、位置、距离等方面有渐次增加或渐次减少的阶梯性变化。

在会展设计中,运用重复或渐变的表现手法,通过周期性的重复出现或相间交错,构成律动美感,使人体验到一种和谐的秩序感。作为设计者要营造出这种节奏和韵律,就需要在设计中体现出各种视觉因素所隐含着的节奏和韵律变化的依据,然后用艺术的手法进行强化与深入。

（三）放射与突变

放射是一种特殊的重复，也是一种渐变，它根据反复、错综、转换、重叠的原理，通过形、线、色的反复变化，形成强烈的视觉冲击。放射可以是环绕一个中心或几个中心排列，也可以是按上下、左右、前后排列，所构成的画面具有光芒的效果，如图 2-23 所示。

图 2-23　放射

突变是在重复、渐变等形式中，突然出现不规则要素或不规则组合，借以突破规律性的单调感觉。基本形态的突变由形状、大小、位置、方向和色彩等因素构成。突变是一种平中求奇的表现手法，使人出乎意料，印象深刻。

（四）节奏与韵律

节奏是连续出现的形式组成有起有落的多次反复，是客观事物合乎同期性运动变化规律的一种形式，通过展示空间构建的大小、高低及不同色彩构成强烈的节奏。

图 2-24　节奏与韵律

　　韵律则是有规律的抑扬变化,它是形式要素系统重复的一种属性。

　　节奏韵律是既有区别又有相互联系的形式,节奏是韵律的纯化,具有单纯和明确各种形式要素的特征。韵律是节奏的深化,是情调在节奏中的运用。如果说,节奏是富于理性的话,那么韵律的主要作用就是形式产生情趣,具有抒情的意味。

　　在展示设计中,节奏与韵律感的营造是需要细微体验的。如空间的节奏和韵律是借助空间体量变化以及运动的过程和体验者运动速度的变化所产生的,而像色彩的节奏和韵律则是通过明度、纯度和色相三者之间的变化而形成的。

　　在展示设计中营造出节奏与韵律的感受,就需要设计者去体验在各种视觉因素中存在着的节奏与韵律变化的依据,然后用艺术的手法加以强化和塑造(图 2-25)。

图 2-25　节奏与韵律

（五）对称与均衡

对称是以中心轴为基准,左右或上下完全相同或近似相同。它的特点是具有统一感,适合于表现静止的效果,给人以庄重、大方、稳定的美感,如图 2-26 所示。

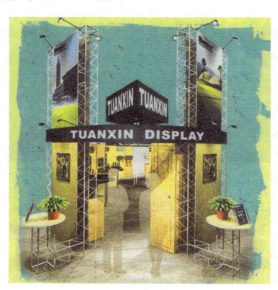

图 2-26　对称

均衡是指以视觉中心线为轴,其上下或左右构成部分的形态、大小、疏密、强弱、配色等并不完全相同,但在视觉上互相平衡与稳定,具有生动活泼的美感,如图 2-27 所示。

图 2-27 均衡

(六)对比与调和

对比是视觉艺术中重要的法则。所谓"对比",在构成上表现为形态的大小、方圆、高低、宽窄的变化,在线条上表现为粗细、曲直、长短、刚柔的变化,在色彩上表现为冷暖、明暗、深浅、浓淡、鲜艳与灰暗的变化,在肌理上表现为轻重、软硬、光滑与粗糙的变化。适度的对比,可以使不同形态相互关联、相互衬托,形成独特的美感与新奇的魅力。

展示活动的本身即是各种要素对比的一种组合,同时在设计过程中,有意识地强调对比,弱化另一些对比,使展示的视觉效果达到预定的设想,这也是展示设计的工作实质。

如果说对比是将矛盾强化,那么调和则意味着矛盾的弱化。所谓"调和",就是在对比的视觉要素中寻找共通的因素,达到融合协调的舒适感觉。在表现方式上,有色彩的协调、形式的统一、质感的类似等。

在会展设计中,应根据主题与整体结构的需要,或强调对比,或侧重调和,以造成新奇、刺激而又和谐协调的最佳传播效果,如图 2-28 所示。

图 2-28 对比与调和

(七)变化与统一

变化与统一是形式美法则中的中心法则。它包含着对称、均衡、反复、渐变、对比、调和等具体法则的所有内容,并对这些内容有统管的作用。例如,单一的反复应注意细部的处理,使重复不至于流于单调;过分的对比应注意增强量的调和,不至于使对比太过刺激而无舒适感。

变化与统一是矛盾的两个方面,但可以通过"相兼"调整为兼而有之的一种美感。会展设计中,如果能对展品、展具、装饰物、标牌、背景、色彩等,在虚实、疏密、轻重、大小、繁简、浓淡等方面体现出兼而有之的话,可产生生动、活泼、有序、和谐的视觉效果。

第三章　会展空间设计理论与表现手法

第一节　会展空间的特征与分类

一、会展空间的特征

（一）多维性

静态空间是由长度、宽度、高度表现出来的三度空间。人们可以随着时间的推移，视点的移动，而对某个或多个空间得到一种完整的感受，因此可以说又增加了一个第四度空间——时间。只有以时间为基准才能考虑与确定其空间的功能，离开一定的时间因素，人们是无法全面认知和感受展示空间的。所以空间应该是一个统一体，而时间是衡量变化的尺子，也就是说展示空间是三度空间与时间集合的多维空间，众多的情绪随着空间的变化而受到影响和感染，观众在动态的欣赏中体会着不同形态的变换，感受着多维空间的节奏与韵律。

（二）多样性与组合性

展示空间是进行展示活动的特定空间，具有展示性质的差异性、展示内容的丰富性、展示场馆、展示区位的功能性、展示形势、展示手法的多姿多彩等特点。现代展示空间环境的创造是包括展馆周围地域空间，展馆建筑和展馆室内空间环境的整体规划和空间组织。许多展馆建筑本身便是集中了当时最新科技成果，而

成为一个城市的纪念性、标志性"名片"。如南宁国际会展中心的
标志性建筑造型(图 3-1)。

图 3-1　南宁国际会展中心

(三)开放性与流动性

展示空间的开放性是指展示活动要求创造一个面向公众,以
实现信息现场交流为目的的环境空间。展示空间是具有私密性
的封闭式的生活空间。不同的是,除了必要的隔离围合外,从总
体上讲展示的环境空间应该是通透开敞的,因此,展示空间要打
破封闭的模式,使形式和内容融入开放的环境中,以满足公众对
信息的欲求。目前许多重大历史和文物价值的场所面临开放性
与保护性的矛盾,如何用现代化科学技术手段来平衡这一矛盾,
最大限度地实现让更多的观众"实地体验"的开放性要求,是现代
展示的重要课题。

展示空间的流动性是指展场馆内由人和物构成的川流不息
的空间,它需用时间的延续来展示空间的变化。设计师要善于分
析观众的心理,展示合理的空间规划,展示分布和参观线路,使观
众在流动中有效地接受特定的信息,方便介入展示活动。

(四)追求效率的多功能性

展示空间追求效率的多功能性是指现代展示活动的综合功能,要求展示场馆成为集展示、交易、信息交流以及会议服务、公众生活的娱乐等功能为一体的综合多功能群体空间。现代快节奏的生活使得人们的时间观念更强,更追求效率,要求空间的组合布局更合理,人流分布畅通,交通便畅。而面对居高不下的馆租和展位费用,讲究空间的利用率也提高了资金的使用效率。

二、会展空间的分类

(一)常见展示设计的类型

1.展览会、博览会展示

数十家或数百家单位联台举办的展示会,一般具有明确的展览时间性和季节性,属于短期展示。展览会包含的内容涉及社会的各个方面,包括各行各业的展览推广活动(商品、企业、文化、教育等)。世界性博览会在许多国家都举办过,其包括的内容更加丰富。

图 3-2 广州会展中心

2.博物馆展示

以长期性和相对固定性为主要特征,展品多以珍贵的历史文物和文献以及艺术品为主,展示内容多体现历史发展过程和重大历史事件(图3-3)。

图3-3　博物馆展示

3.橱窗展示

橱窗展示是商店为了实现营销目的,及时传达商品信息或介绍商品特性,方便消费者了解和选购商品而精心设计的一种宣传形式。是商品宣传中最直接最重要的手段(图3-4)。

图3-4　橱窗展示

4.购物环境展示

一般指各类商场、商店、超级市场、售货亭等商业销售环境的展示。其设计主旨是在考虑人流交通的基本需要的基础上,通过商品的陈列方式,以借助展具、灯光照明等要素,营造便于顾客选购商品或适合于商家进行销售的形式。

5.观光景点展示

是指在旅游观光景点、名胜古迹环境中,为方便游客游览需要的某些展示设计。通过各种可视形式宣传景点的特色及一切导游指示图、路标、说明标志、广告宣传等设施。

6.节庆礼仪展示

在日常生活中,常有一些节日庆典、礼仪活动,其空间环境的设计也属于设计展示设计的范畴。在这类活动中,大到整体空间环境的平面布局、立体设计,小至会徽标识、影灯旗帜、花坛景观等都是展示设计包含的内容(图 3-5)。

图 3-5　节庆礼仪展示

(二)展示空间设计的分类

1.布展空间

布展空间是指展品陈列的实际空间,是展示空间造型的主体部分。能否取得视觉效果,吸引观众的注意力,有效地传达信息,是布展空间设计的关键。在设计中,处理好展品与人、人与空间的关系十分重要。展品的陈列既要考虑人体尺度,同时也要考虑出其不意的视觉效果。

在保证一定的通道功能要求下,着重关注如何为观者提供一个令人兴奋的信息场所,经历一次难忘感受或心理体验,是布展空间设计的重点(图 3-6)。

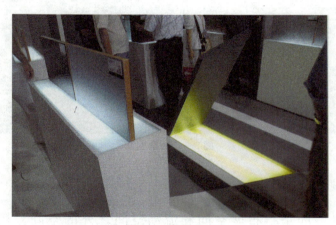

图 3-6 布展空间

2.流动空间

流动空间也称共享空间,包括展示环境中的通道、过廊、休息间等场所,是供公共使用和活动的区域。其设计要点有:

(1)要估算观众的流量、流速以及人观看行为方式的基本状态(包括在谈话、交流中不影响其他参观者)。

(2)要考虑展品的性质和陈列方式,如展品的大小、平面或立体;是演示还是摆设;以及是欣赏性、浏览性,还是贸易性、零售性等;以及调节人流与通道的关系。

（3）注重主要展品的最佳视阈、视角、视距与通道的关系。避免在主要产品面前人群簇拥,造成通道滞塞。

（4）设计科学合理的路径。如最短、最有效的线路,减轻重复、绕道给观众造成的疲劳。另外,线路是否清晰和富有变化,也会在不同的心理上造成不同的感受。

图 3-7　流动空间

3.辅助空间

辅助空间是指布展空间和流动空间之外的空间。概括起来有以下几方面。

（1）接待空间

是供顾客与展商进行交流的空间。在设计中要和整个展示设计统一考虑。

（2）工作空间

是专为工作人员设置的空间。他们能在此休息片刻,或整理一下着装、喝茶。在展览会中一般会有专门为工作人员准备的休息区。

（3）储藏空间

即存放展品、样品或宣传册等物品的空间。

（4）维修空间

无论是长期陈列还是临时性的展示活动，常有一些诸如仪器、机械、装备、模型以及灯箱、音响、影像、电讯、照明等设备。这些设备除了占用一定的空间外，还必须留出可供维修的空间（图 3-8）。

图 3-8　维修空间

（三）展示空间的设计地域分类

在大自然中，空间是无限的，但在我们周围的生活中，我们可以看到人们正在用各种手段取得适合于特定需要的空间，例如，一把伞就可以给人们带来一个暂时的空间，使人们感受到与外界的隔绝。人们对空间的感受是借助实体而得到的，人们常用围合或分隔的方法取得自己所需要的空间。

地域空间可分为室内空间和室外空间两类，相对而言，展示空间以室内居多。

从室内空间形成的过程来看，室内空间包括固定空间和可变空间两大类。固定空间是在建造主体工程时形成的，用地面或楼面、墙和顶棚围成的空间是固定的，一般情况下难以改变楼板和墙体的位置。可变的空间是在固定空间形成后用其他手段构成的,在固定空间内用隔墙、隔断、展具、设备等对空间进行划分,可以形成许多新空间,由于隔墙、隔断、展具、设备等的位置是可变的,便形成了可变空间。

室内空间又可分为实体空间和虚拟空间。实体空间范围明确,界限清晰,有较强的私密性,用墙、隔断做侧界面的空间就属这一类。而虚拟空间范围含蓄,是实体空间界定下的空间,被称作"空间里的空间",实体空间用不到顶的隔断或展具合围的部分就属于这一类。虚拟空间处于实体空间内,与实体空间相贯通,但有它的相对独立性,能够让人们感觉到,故又称为"心理空间"。此外,还有将室内空间划分为封闭空间与敞开空间。若从动态因素出发,室内空间又可分为动态空间和静态空间等(图3-9)。

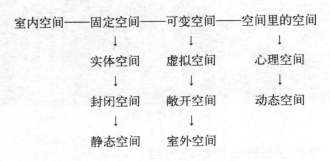

图 3-9　空间关系网络系统

由一定形状的界面围合隔绝而成的空间,从结构上说,可分为封闭空间、半封闭空间和敞开式空间三类。封闭空间与外界分隔,是静止和相对私密的空间;敞开式空间给人的心理感受是动态的、开放的;半封闭式空间属于中性空间,介于封闭空间和敞开空间之间,通常通过一些半通透式的隔断或虚空架构来限定空间。各种不同形式的空间,势必使人产生不同的感受。从空间给人的感受来说,空间有庄严型、愉悦型、忧郁型等;从空间形态分,有方体、长方体、方锥体、圆锥体、半球体、球体、圆柱体、马鞍形、不规则形、扇形等(图3-10)。

图 3-10　扇形空间

第二节　会展空间的主题策划与创意设计

一、会展空间的主题策划

(一)主题策划要点

1.突出行业特色

任何一个行业都由其特质的因素决定了受众对整个行业的判断,而这些因素正是设计师为展示空间设计必须把握的。所谓行业特色,是指本行业所具备的特质(图 3-11)。

我们也会看到有一些企业,为了标新立异,过分地追求形式感,脱离了本行业的特质,表面看来十分热闹,但却影响到客户对其专业性的判断。

图 3-11　突出行业特色

2.强化产品卖点

　　大部分客户都是想通过参展来为新产品的上市聚集人气。这就要求设计公司从新产品本身找准卖点,其卖点往往是产品的使用舒适、内在质量、材料先进、结构合理或外观新颖等特征,然后将其提升为主题。设计公司就要有针对性地从展区的规划到空间的把握都围绕主题将产品的卖点加以强化。

图 3-12　强化产品卖点

3.体现品牌观念

对于那些相对成熟的企业来说,在品牌成形或基本成形的前提下,展示空间仅仅是品牌形象在一个相对固定时间和地点的延伸。因此他们会把全年的参展计划都纳入企业整体传播规划内,通过和设计师的配合,在风格的统一及应变的备案方面都能够有充分的准备。

风格是建立在文化底蕴上的,要形成一种独特的风格,必须挖掘参展企业的文化背景以及文化特征,无论是在空间上的处理还是灯光、色彩、材料、新技术的使用等都与文化特征产生联系,在这些相互关联中展示空间的独特风格便会油然而生。

商业展示对主题的挖掘和风格的提炼,是以商业目的为导向的相对被动性选择。展示设计师对设计元素的寻找,必须保持对市场的尊重心态,也就是尊重客户、尊重受众。对于大多数情况来说,满足企业的诉求也就是满足市场。当然这个满足不是一味地迎合。对于展示这样一个实践性很强的领域来说,理论上的专业往往不同于实际上的适用。

把握展示主题和风格能使设计者完整、准确地体现企业与商品的所有信息,有效调动一切展示手段。为参展企业抓住市场机遇、树立良好形象提供有力的支持和帮助(图 3-13)。

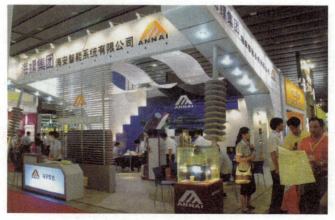

图 3-13 企业形象

(二)主题策划流程

1. 确立主题信息

(1)寻找信息特质

首先根据市场调研和诉求对象进行分析,对要在空间中展示的内容的基本信息进行选择和论证,找出区别于其他竞争对手的信息特质,再将其和空间展示的动机及目的联系起来考虑,使这种独特性在理论上逐渐清晰和完整。

(2)确立解读方式

在展示空间设计中寻找一个特殊的视角来分析和理解信息的内涵,通过独特的思维导向来规范信息的技术表现,使信息的差异通过具体的物化形式表现出来。其方法是,在明确信息的差异后,需要对信息的解读方式进行横向比较,在此基础上确立一个个性化的、独特的展示理念,并根据这个理念确定展示的主题。

2. 强化主题信息

在当今信息发达的时代,人们已处在无序的信息流包围之中,对信息的感知变得麻木和迟钝,对信息的选择性也越来越强。现代信息传播的目的不仅仅是让人知道,而是要让人相信,让人动心,让人行动,这也是一切具有广告性质的策划的共同点。

(1)信息的系统化

我们可以将信息系统化的过程理解为对信号(展示内容)的重新过滤和重新编码,并通过对重新编码后的信号进行放大再传达出去。展示的系统化就是围绕展示的主题,对展示空间的信息按照一定的思维导向进行梳理,使其成为特点统一、样式规范的有序的信息系列。

(2)信息的形象化

信息的很多内涵在没被受众接受以前都是很抽象的概念,形象化就是使抽象的概念变成具体生动的图形和符号,其作用是让受众直观地"看到"信息,加深对信息的理解。信息的形象化主要表现在两个方面:突出形象和增强视觉冲击力,通过形象的展示和演示,帮助受众强化对信息的理解和记述。

(3)信息的互动化

现代展示不仅通过影像技术、数码技术、感应技术,而且还利用受众对现场的期望值来组织有趣的活动。如通过游戏等方式来表达与受众的交流,通过现场商业展示消除受众对信息的距离感,在娱乐中轻松地接受信息。实际上展示最独特的魅力就在于它的现场感,因为在展示空间中,不仅只有展示的内容,同时参观的人也带来了其他的信息,这种体验是鲜活而丰富的,充满了受众对展示的各种期望。

3.传递主题信息

信息的传递是否有效主要靠受众对展示的反馈,因此展示的信息传播是与受众合作完成的,不能单方面将某类信息强加给受众,而且信息的传递要留有余地,所以好的展示并不是一味地穷尽有关自己的信息,而是以启迪性的方式来引导受众,要给受众留有思考的空间,同时思考还可以帮助记忆。在具体的展示策划中,应根据展示的动机和目的,对需要传达的信息量进行加法和减法处理,对表现信息的技术方式进行统一的规范和简化(图3-14)。

图3-14　空间的神秘氛围营造

二、会展空间的创意设计

(一)空间思维创意

空间思维是人们通过视觉和感觉神经将记录下来的空间信息储存,然后将不同信息进行消化。当新信息涌入时,人的空间思维就会对新信息进行分析和判断,在不断注入新信息的同时产生变化,从而形成了派生空间思维。它改变了原有空间思维的状态,同时又被注入新的思维基因。它在反复循环的过程中使人的空间判断渐渐发生质的改变和发展,这个过程是人都能够做到的良性思维的循环过程。而能够进行不断思维循环过程的,将是拥有开放型空间思维的人。不断更新的空间思维构成了创意的基本元素,是创意空间的灵魂。

(二)空间造型创意

空间造型是展示空间中最基本的要素,因为它会对整个空间环境产生巨大的影响。对于空间造型,其创意主要是视觉心理感受上的创意,即空间造型在人的视觉心理上造成的影响。空间造型创意可分步骤来进行。首先可通过简单的立体分隔来处理造型的问题,其次是通过各种立体几何形状的造型重新解构来创造新的造型。

(三)空间尺度创意

在考虑空间尺度关系的时候,必须要注意人体对尺度关系的感知和适应能力,以及人体尺度要求的人体工程学。空间尺度创意就是改变现有常规尺度下的物体以达到奇特的视觉效果。

图 3-15　空间创意

图 3-16　空间尺度创意

　　当然，空间尺度关系处理得不当也会产生问题，如造成参观者的不舒适、参观者的忽略或不愿意观看展品等。

第三节　会展空间的艺术处理手法

一、会展展示设计图纸表达

（一）会展展示设计工程制图

设计施工图是工程人员制作施工的依据。工程人员根据图纸进行制作施工，图纸表达得是否准确与施工的质量及达到的最后效果有直接的关系。设计施工图主要包括平面图、立面图、剖面图、施工详图、展线布局图等。

1. 展示设计工程制图规范

（1）工具使用及图纸幅面

图纸的幅面及图框尺寸应符合图 3-17 的规定及表 3-1 的格式。一般 A10～A3 图纸宜横式使用，必要时也可立式使用。一项展示设计所用的图纸，不宜多于两种幅面。

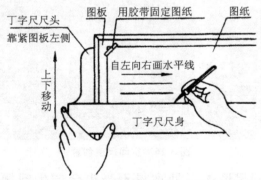

图 3-17　丁字尺的尺头靠紧图板导边，上下移动画水平线

画笔一般使用铅笔，用 H 和 B 代表铅芯的软硬度。H 表示硬性铅笔，色浅淡。H 前边的数字越大，表示铅芯越硬（浅淡）。B 表示软性铅笔，色浓黑。B 前边的数字越大，表示铅芯越软（浓

黑）。HB 是中性铅笔,表示铅芯软硬适当。一般情况下,画底稿用 2H 或 3H;描深图线用 B、2B 或 HB;写字用 HB。

表 3-1　图纸幅面

单位:毫米

幅面代号	A0	A1	A2	A3	A4
B×L	841×1189	594×841	420×594	297×420	210×297
c		10		5	
d			25		

（2）标题栏与会签栏

图纸标题栏(简称图标)、会签栏及装订边的位置应符合下列规定:横式使用的图纸,应按图 3-18 的形式布置;立式使用的图纸,宜按图 3-19 的形式布置。

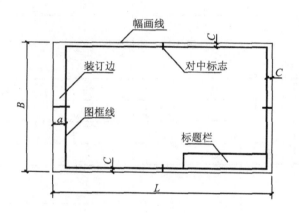

图 3-18　A10~A3 横式幅画

图标长边的长度应为 180 毫米,短边的长度宜采用 40 毫米、30 毫米、50 毫米。图标应按图 3-20 的格式分区。

会签栏应按图 3-21 的格式绘制,其尺寸应为 75 毫米×20 毫米,栏内应填写会签人员的专业、姓名、日期。不需会签的图纸,可不设会签栏。

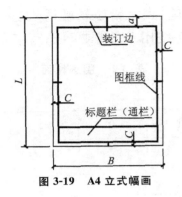

图 3-19　A4 立式幅画

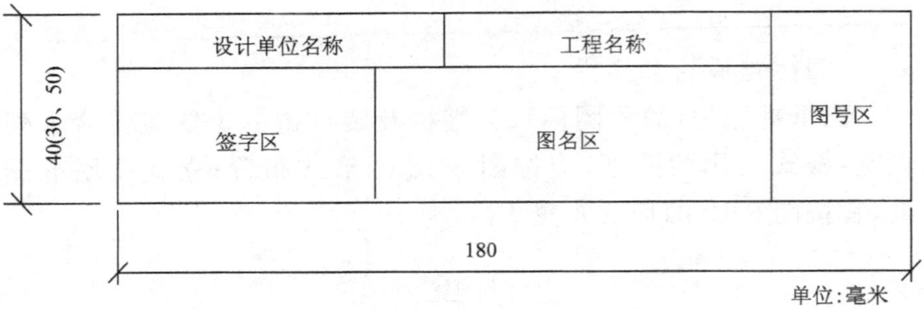

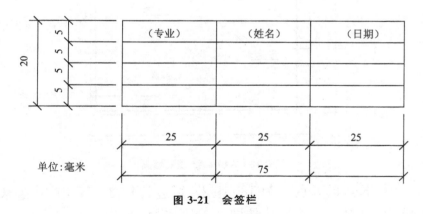

单位:毫米

图 3-20　图标分区

（专业）	（姓名）	（日期）

单位:毫米

图 3-21　会签栏

（3）图线

为了在工程图样上表示出图中的不同内容,并且能够分清主次,绘图时,必须选用不同的线型和不同线宽的图线。

展示设计施工制图,应选用表 3-2 所示的线型:图线的宽度 b,应从下列线中选取:0.18 毫米、0.25 毫米、0.35 毫米、0.5 毫米、0.7毫米、1.0毫米、1.4毫米、2.0毫米。每个图样,应根据复杂程度与比例大小,先确定线宽 b,再选用表 3-3 中适当的线宽组。图 3-22 是图线在圆管剖面图上应用的例子。

表 3-2　常用线型

名称		线型	线宽	一般用途
实线	粗		b	主要可见轮廓线
	中		$0.5b$	可见轮廓线
	细		$0.35b$	可见轮廓线、图例线等
虚线	粗		b	见有关专业制图标准
	中		$0.5b$	不可见轮廓线
	细		$0.35b$	不可见轮廓线、图例线等
点划线	粗		b	见有关专业制图标准
	中		$0.5b$	见有关专业制图标准
	细		$0.35b$	中心线、对称线等
双点划线	粗		b	见有关专业制图标准
	中		$0.5b$	见有关专业制图标准
	细		$0.35b$	假想轮廓线、成型前原始轮廓线
折断线			$0.35b$	断开界线
波浪线			$0.35b$	断开界线

表 3-3　常用线宽组

线宽比	线宽组 (毫米)					
b	2.0	1.4	1.0	0.7	0.5	0.35
$0.5b$	1.0	0.7	0.5	0.35	0.25	0.18
$0.35b$	0.7	0.5	0.35	0.25	0.18	

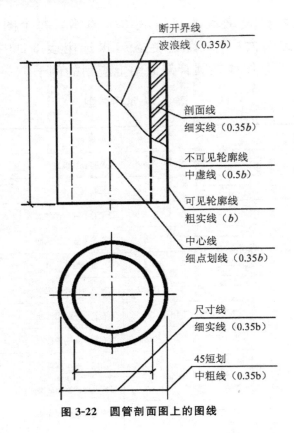

图 3-22 圆管剖面图上的图线

（4）字体

图纸上所需书写的文字、数字或符号等，均应笔画清晰、字体端正、排列整齐，标点符号应清楚明确。图纸上的文字、数字或符号等，必须用墨水书写。

文字的字高，应从下列系列中选用：2.5 毫米、3.5 毫米、5 毫米、7 毫米、10 毫米、14 毫米、20 毫米。

①汉字

图纸说明的汉字，应采用长仿宋体，宽度与高度的关系应符合表 3-4 的规定，高与宽的比例大约是 3：2。

表 3-4 长仿宋体字高宽关系

字高	20	14	10	7	5	3.5	2.5
字宽	14	10	7	5	3.5	205	1.8

大标题、图册封面、地形图等的汉字也可以书写成其他字体，但应易于辨认。汉字的简化书写，必须遵守国务院公布的《汉字简化方案》和有关规定。汉字的字高应不小于 3.5 毫米。长仿宋体字例如图 3-23 所示。

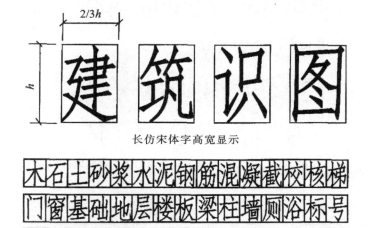

长仿宋体字高宽显示

长仿宋体字例

图 3-23　长仿宋体字例

②拉丁字母、阿拉伯数字与罗马数字

拉丁字母、阿拉伯数字与罗马数字，有一般字体和窄字体两种，而且两种字体又有直字体与斜字体之分：斜字体，其斜度是从字的底线逆时针向上倾斜 75°。拉丁字母、阿拉伯数字和罗马数字的字高，应不小于 2.5 毫米。拉丁字母、阿拉伯数字和罗马数字字例如图 3-24 所示。

（5）比例

图样的比例指图形与实物相对应的线型尺寸之比。比例应以阿拉伯数字表示，如 1∶1、1∶2、1∶100 等。

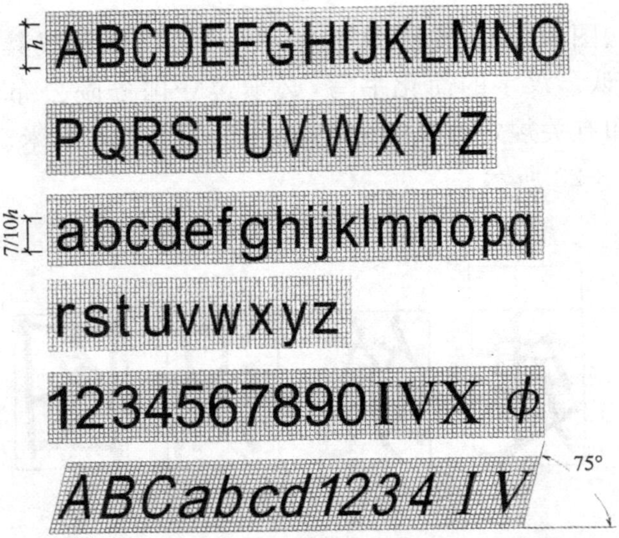

ABCDEFGHIJKLMNO
PQRSTUVWXYZ
abcdefghijklmnopq
rstuvwxyz
1234567890IVX φ
ABCabcd1234 IV

图 3-24　拉丁字母、阿拉伯数字与罗马数字字例

表 3-5　图样比例

种类		比例				
原值比例	优先选用	1:1				
放大比例	优先选用	5:11　　　　2:1				
		$5 \times 10^n : 1$　$2 \times 10^n : 1$　$1 \times 10^n : 1$				
	可选用	4:1　　2.5:1　　$4 \times 10^n : 1$　　$2.5 \times 10^n : 1$				
缩小比例	优先选用	1:2　　　　1:5　　　　1:10				
		$1:2 \times 10^n$　$1:5 \times 10^n$　$1:1 \times 10^n$				
	可选用	1:1.5　　　　1:2.5　　　　1:3　　　　1:4　　　　1:6				
		$1:1.5 \times 10^n$　$1:2.5 \times 10^n$　$1:3 \times 10^n$　$1:4 \times 10^n$　$1:6 \times 10^n$				

（6）尺寸标注

尺寸是图样的重要组成部分，尺寸是施工的依据。标注尺寸必须认真细致，注写清楚，字体规整，完整正确。

①尺寸界线、尺寸线及尺寸起止符号

图样上的尺寸，由尺寸界线、尺寸线、尺寸起止符号和尺寸数字组成（图 3-25）。

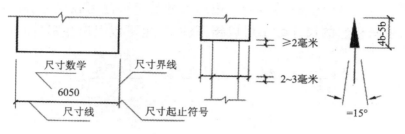

图 3-25　尺寸标注

尺寸界线应用细实线绘制,一般应与被标注长度垂直,其一端应离开图样轮廓线不小于 2 毫米,另一端宜超出尺寸线 2～3 毫米。必要时,图样轮廓线可以用作尺寸界线。尺寸线应用细实线绘制,应与被注长度平行,且不宜超出尺寸界线,任何图线均不得用作尺寸线。尺寸起止符号一般应用中粗斜短线绘制,其倾斜方向应与尺寸界线成顺时针 45°角,长度宜 2～3 毫米。半径、直径、角度与弧长的尺寸起止符号,宜用箭头表示。

②尺寸数字

图样上的尺寸应以尺寸数字为准,不得从图上直接量取。图样上的尺寸单位,除标高及总平面图以米为单位外,均必须以毫米为单位。尺寸数字的读数方向,应按图 3-26 的规定注写。若尺寸数字在 30°斜线区内,宜按图 3-27 的形式注写。

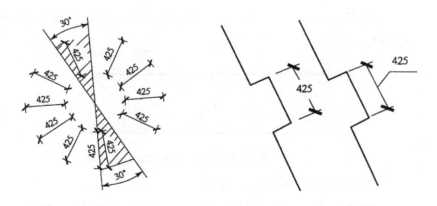

图 3-26　尺寸数字注写(一)　　　**图 3-27　尺寸数字注写(二)**

尺寸数字应根据其读数方向标注在靠近尺寸线的上方中部,

如没有足够的注写位置,最外边的尺寸数字可注写在尺寸界线的外侧,中间相邻的尺寸数字可以错开注写,也可以引出注写(图 3-28)。

图 3-28　尺寸数字注写(三)

③尺寸的排列与布置

尺寸宜标注在图样轮廓线以外,不宜与图线、文字及符号等相交(图 3-29)。

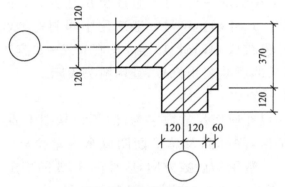

图 3-29　尺寸的排列(一)

图线不得穿过尺寸数字,不可避免时,应将尺寸数字处的图线断开(图 3-30)。

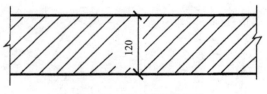

图 3-30　尺寸的排列(二)

④半径、直径、球的尺寸标注

半径的尺寸线,应一端从圆心开始,另一端箭头指至圆弧。半径数字前应加注半径符号"R"(图 3-31)。

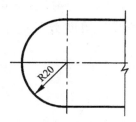

图 3-31　半径尺寸标注

　　较小圆弧的半径和较大圆弧的半径，可按图 3-32 的形式标注。

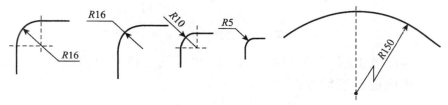

图 3-32　小、大圆弧半径的标注方法

　　标注圆的直径尺寸时，直径数字前应加符号"∅"。在圆内标注的直径尺寸线应通过圆心，两端画箭头指至圆弧。较小圆的直径尺寸可标注在圆外（图 3-33）。

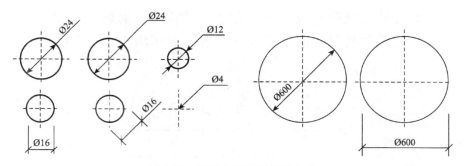

图 3-33　圆及小圆直径标注方法

　　标注球的半径尺寸时，应在尺寸数字前加注符号"sR"。标注球的直径尺寸时，应在尺寸数字前加注符号"Sdp"。注写方法与圆弧半径和圆直径的尺寸标注方法相同。

　　⑤角度、坡度的标注

　　角度的尺寸线应以圆弧线表示。该圆弧的圆心应是该角的顶点,角的两个边为尺寸界线。角度的起止符号应以箭头表示,如位置不够可用圆点代替。角度数字应水平方向注写(图 3-34)。

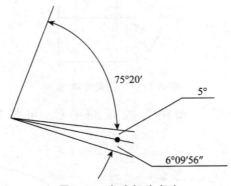

图 3-34　角度标注方法

标注坡度时,在坡度数字下,应加注坡度符号,坡度符号的箭头一般应指向下坡方向(图 3-35)。

图 3-35　坡度标注方法

⑥尺寸的简化标注

杆件或管线的长度,在单线图(桁架简图、钢筋简图、管线图等)上,可直接将尺寸数字沿杆件或管线的一侧注写(图 3-36)。

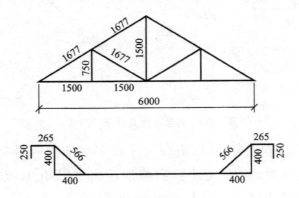

图 3-36　单线图尺寸标注方法

连续排列的等长尺寸,可用"个数×等长尺寸＝总长"的形式标注(图 3-37)。

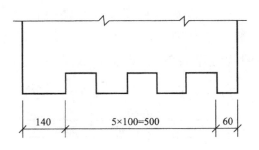

图 3-37　等长尺寸简化标注方法

2.展示设计工程制图

展示设计工程制图,主要包括平面图、立面图、剖面图、详图等。

(1)平面图(总平面图)

平面图(总平面图)是以二维空间设计的图纸,在展示设计中,包括展馆、展区、展位平面图设计,是体现整个展示规模、区划和构成的整体蓝图,是进行后序各项工作的重要基础和依据。因此对平面图纸设计、审核,必须慎之又慎。

①区划方位

包括诸如各展区、各展馆方位、馆内各参展单位的摊位或展览的各大组成部分——序馆、各分展馆、礼品部、演示区、服务区和洽谈区等的合理分布。

②展示物空间的占有及其展示方式

展示物体积大,陈列占有的空间就大,其通道也应相应增大。

展示物占有空间的位置、角度由展示物的性质决定。交通类展品位居于面中心空间,以矩形和阶梯形较为适宜。日用品类展品则以立体展示面展开为主。展示方式由展示空间的利用率决定。

展示物的位置及空间占有率,须由展品的延伸性决定,以吸引观众、宣传说解、接受咨询,最终以洽谈业务为目的。因此,对于最精彩部分应有高水平的空间布局设计。

③平面图的线型

展示空间分室外和室内两部分,室外空间所示的展示区域(平面图比例一般为1：500、1：1 000、1：2 000)包括建筑物、通道、绿地等,采用的线型及符号如图3-38。

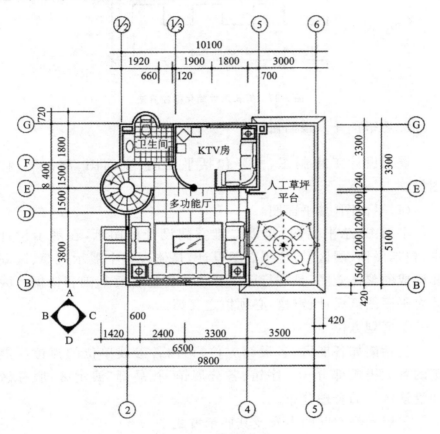

图3-38　平面图线型（室外）

室内部分(比例1：100或1：200)包括建筑平面结构、展示区域划分等。建筑物可见轮廓线用粗实线,展示区域划分用中实线,展品用细实线表示(图3-39)。

④平面图的尺寸标注

包括:展示空间的总体尺寸和轴线符号;建筑空间的总体尺寸和各开间的尺寸;展品空间占布尺寸;剖面符号和详图索引

符号。

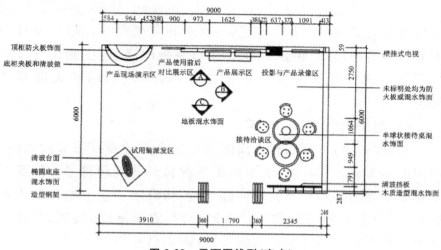

图 3-39 平面图线型（室内）

（2）立面图

立面图由建筑室内立面、展示道具、展品造型组成（比例
1∶100,1∶200）。如图 3-40 所示,立面图主要表达建筑物立面空
间与展位立面空间的划分关系,其中还包括展示道具的造型要求
及展品的立面位置等。

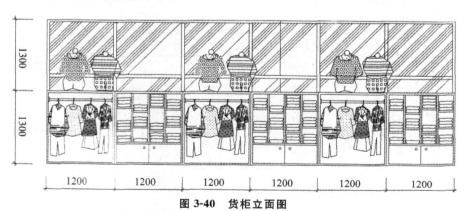

图 3-40 货柜立面图

① 立面图的线型

建筑物可见轮廓线用粗实线表示,展示摊位、道具轮廓线用
中实线表示,展品用细实线表示。

②立面图的尺寸标注

包括建筑空间的总高、总宽尺寸,各开间、柱的空间尺寸,层高尺寸和标高尺寸;展位、道具的高度和宽度尺寸;展位、道具的主要结构造型尺寸(包括标高尺寸);展品的高、宽空间尺寸。立面图分室内墙立面图和室内剖立面图,可视不同的表现要求而定。

(3)剖面图

剖面图是与平面图和立面图结合起来表达设计细节的制图。当剖面图大于 1:50 时,要求画出各种材料的剖面符号。剖面图主要用来表达展示构筑物的内部结构、构造和工艺。如长期陈列展示,首先要对原建筑物进行空间分割,安装展墙、展架,这就需要用剖面图来表示它们的结构关系(图 3-41)。

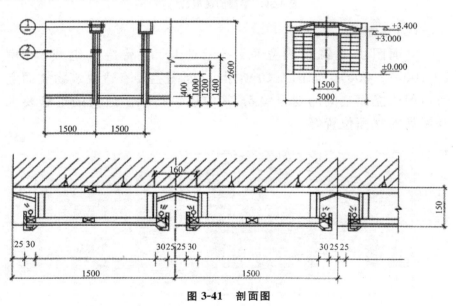

图 3-41　剖面图

①剖面图的线型

外轮廓线用粗实线绘制,内部用细实线标画出各种材料的符号。未剖到的其他结构或造型的外轮廓线用细实线表示。

②剖面图的尺寸标注

包括被剖建筑空间的外部总尺寸和轴线符号；垂直方向总体尺寸和标高尺寸；被剖展示道具造型的主要结构尺寸；详图索引符号等。

（4）详图

在展示空间和展示道具设计完成定案后要进行具体的施工与制作。详图就是解决各细部结构、材料、尺寸做法及构造关系的大样图或节点图（图 3-42）。

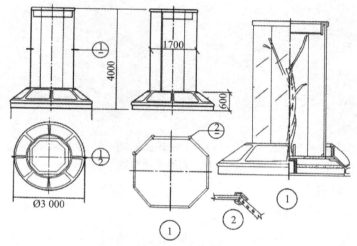

图 3-42　节点图

详图的位置和编号，应以详图符号表示。详图符号用粗实线绘制，直径为 14 毫米。详图与被索引的图样在同一图纸内时，应在详图符号内用阿拉伯数字注明编号。若不在同一张图纸上时，用细实线在详图符号内画一水平直径，上半圆中注明详图编号，下半圆内注明被索引图纸的编号（图 3-43）。

图 3-43　详图符号标志

（5）参观动线的表示

在通常情况下，参观动线应与平面图同时表现在一张图中，由平面图可见展区各部分之间量的比例关系，同时，对于展示组成部分的合理分布起着统调作用。参观动线的面积与实际陈列面积的比例约为1：3，由于展示性质不同，展示内容差异及到场客流的预计，其空间安排应灵活处理。

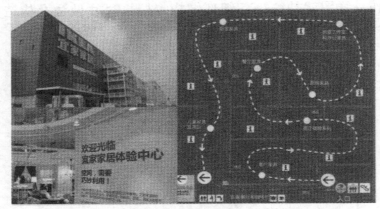

图 3-44　宜家参观动线

（6）展具设计图

①展具设计图

展具包括陈列橱柜、展台、展架、灯箱等，展具制图主要表现长、宽、高三个方向尺度与造型。因此，这类制图采用三视图的形式绘制比较适宜。

线型要求外框用粗实线，细部用细实线。玻璃材料要画出玻璃表示符号。需标出总高、总长、总宽、地台规格尺寸、材料细部尺寸。此类制图往往需用详图来表达节点的结构和制作方法。

②框架结构设计图

框架结构分标准框架和非标准框架两大类。其主要用途是分割组织空间，制造视觉焦点等。若制图比例为1：100时可用粗实线画出，详图要求画出轮廓线或中心轴线（图3-46）。要标注总高度、总长度、总宽度和单位边长尺寸。

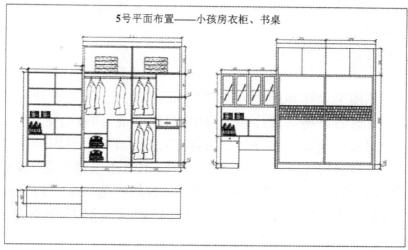

图 3-45　展橱设计

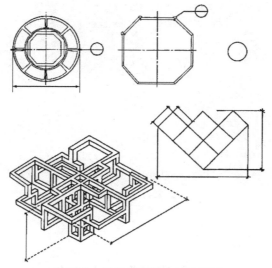

图 3-46　框架结构设计制图示例

(二)会展展示设计效果图表现技法

展示设计的效果图基本表现技法,实际上与绘画艺术有很多相通之处,如绘画方法、表现技巧、使用工具和材料等基本没有差别,透视更有相同之处。区别是展示设计表现效果图是实用艺术,必须符合展示会场布展的需要。表达展示空间及实物要服从严格的科学技术和功能需要,而绘画艺术是表达精神上的审美文化的创作。

1. 预想图

预想图是设计师思想"火花"与"灵感"的记录,是设计方案的源头。它肩负着捕捉设计师脑海中"稍纵即逝"创意的重任。

预想图表现技法的分类方法各异,若按绘制预想图所使用的工具与材料可分为水粉画法、水彩画法、钢笔墨水透明色画法、炭铅笔画法、彩色铅笔画法、马克笔画法、彩色粉笔画法、色纸画法、混合画法、剪接拼贴法、喷绘法和电脑辅助设计绘图法等(图3-47)。

图 3-47 预想图

2. 透视图

绘制展示设计预想图,应根据画法中的几何原理,求出所需表现空间的准确透视。透视的种类与成图方法较多,但适于表现展示空间的透视画法主要有平行透视、成角透视、俯视图和轴测图等。

(1)常用透视术语

常用透视术语如图 3-48 所示。

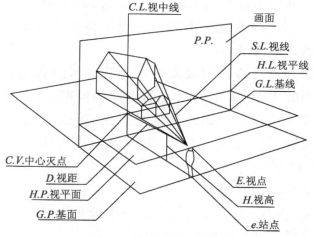

图 3-48　常用透视术语图示

P. P. 画面:假设为一透明平面。

G. P. 基面:建筑物所在的地平面,为水平面。

G. L. 基线:地面和画面的交线。

E. 视点:人眼所在的点。

H. P. 视平面:人眼高度所在的水平面。

H. L. 视平线:视平面和画面的交线。

H. 视高:视点到地面的距离。

D. 视距:视点到画面的垂直距离。

C. V. 中心灭点:过视点作画面的垂线,该垂线和画面的交点。

S. L. 视线:视点和一物体上各点的连线。

C. L. 视中线:位于视域中心,在画面上通过视心所作的视平线的垂线。

e. 人所站立的点。

H. L. 量点以灭点为圆心,灭点至视点的距离(视距)为半径,画弧交于视平线上的点。

(2)平行透视

平行透视画面只有一个中心灭点,故又称为一点透视。一点透视中物体与画面平行的线没有透视变化,与画面垂直的线均消失于灭点。其空间表现范围较广,纵深感强,适于表现稳重、严肃和宁静的空间。视点选择不当会出现呆板和失真的现象。平行透视常用的作图法是量线法。

量线法是平行透视中最简易的画法。作图者可在探讨展示空间透视图的大小、设定展示空间进深的同时,进行作图。量线法的作图要素为:第一,透视图面的比例;第二,展示空间各界面的大小和位置;第三,视心 $C.V.$ 的位置与视平线 $H.L.$ 的高度;第四,视距 $D.$ 的尺寸位置。

量线法作图步骤如下:

图 3-49 由视心 $C.V.$ 过 a、b、c、d 作延长线,即求出空间各界面相交的边线(空间轮廓)。

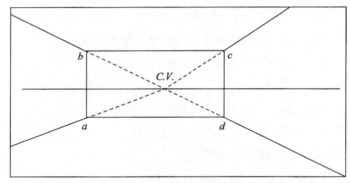

图 3-49　第一步

图 3-50 过点 $C.V.$ 向右经点 D',作水平延长线,并确定 D。

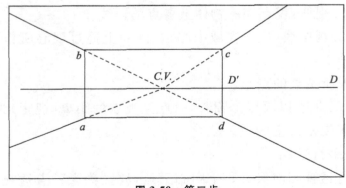

图 3-50　第二步

图 3-51 过 d 点向右作 ad 线的水平延长线,根据所定比例尺等分出展示空间进深尺寸的量点($d_1 \sim d_4$)。

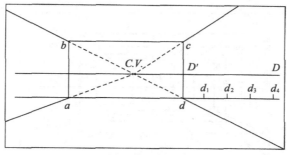

图 3-51　第三步

图 3-52 在地线 ad 上,根据所定比例尺等分点 $a_1 \sim a_4$,通过将各点与 $C.V.$ 点连线的延长线即可求出地面等分格线,按照此法,也可求出顶棚等分格线。

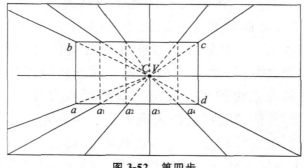

图 3-52　第四步

图 3-53 将点 D 与 $d_1 \sim d_4$ 相连并延长至斜线 DD',即可求出各交点,过各交点分别作水平线与垂直线,即可求出展示空间透视图的基准线。

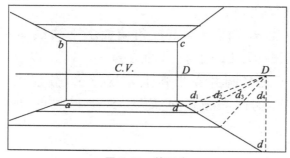

图 3-53　第五步

图 3-54 在侧墙上以 ab 线作量高线,即可求出展示空间构件道具的高度和结构线。

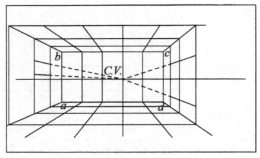

图 3-54　第六步

（3）成角透视

成角透视因墙面成角较陡,无一与画面平行,但有两个不远离图板的消失点和一个墙阴角,因此又被称为二点透视。在成角透视中,凡平行地面的线均有透视变化,其余点是根据视点与物体的距离来确定的。从视点连接画面作与物体两个侧面平行的线与画面相交之处,即为余点的位置。视点离物体越远,余点在视平行线上离心点也越远。成角透视画面较为自然、紧凑,颇具轻快、活泼感,并能接近真实的表现效果。但若角度选择不好,所绘物体也会产生变形现象。成角透视除适宜表现展示内部空间外,还适宜表现展示外部建筑环境效果。展示内部空间成角透视作图步骤如下。

图 3-55 确定墙阴角线 ab,并兼有作量高线使用。经 b 点作一水平辅助线,以供作基线（$G.L.$）使用。在线段 ab 上确定视高并作视平线（$H.L.$）。

图 3-56 由 $a.b$ 两点确定成角墙面上下边线 aa'、bb' 与 aa''、bb''。在视平线（$H.L.$）上找出两灭点 V_1、V_2。以 V_1、V_2 为直径在视平线以下画半圆并在半弧上定视点 E,分别以 V_1E 和 V_2E 为半径,V_1、V_2 为圆心画弧交 $H.L.$ 线上得二点,即可获得量点 M_1 和 M_2。

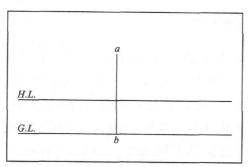

图 3-55　第一步

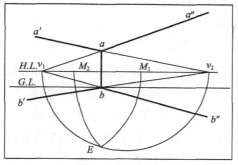

图 3-56　第二步

图 3-57 根据展示空间构成的表现需要,在辅助线 $G.L.$ 上任意标出等分线,并分别向 M_1 与 M_2 引线,通过其延长线在 bb' 与 bb'' 上求得各自透视点,再分别向 V_1 与 V_2 引透视线,即求出地面与构件的网络透视轮廓。按此原理也求得顶部透视网络。

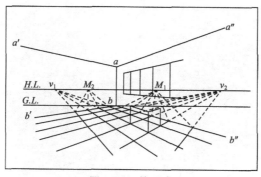

图 3-57　第三步

3.展示设计表现图

在选择展示手绘表现工具上,手绘与纯绘画有着很大的区别,手绘的工具材料更具专业与多样性,主要包括钢笔、彩色铅笔、马克笔、水彩、水粉等。每一种工具都有其各自的特点,因此所产生的视觉效果也各不相同。总之,表现工具是为设计表现服务的。常因表现对象的不同和个人喜好的不同,所选用的表现工具也不同。

(1)铅笔(彩色铅笔)表现

铅笔作为传统的绘图工具,一直受到专业人士的喜爱。设计师可以根据铅笔的软硬程度和运笔的力度画出深浅不一和宽窄各异的线条,通过涂抹施色表现色调变化,较容易地将画面丰富的黑白灰关系区分开来。大多数情况下,铅笔表现多用于一些概念性草图,或者勾画一些意境示意图和写生稿。

另外,彩色铅笔表现是手绘中更为流行的快速表现工具之一,效果细腻柔和,具有使用简单、携带方便和容易掌握的特点。彩色铅笔可以非常细腻地表现各种场景效果,画面虚实过渡自然,可以快速画出光感及色调变化,能较理想地突出设计主题和渲染氛围,对于初学者来说,是一种易于控制的理想表现工具(图3-58)。

图3-58 彩铅手绘

　　彩色铅笔分为水溶性和非水溶性两种,其中水溶性彩色铅笔质地细腻,与水结合使用能表现出水彩画的效果,在表现领域应用广泛。

　　彩色铅笔的表现技法虽然较简单,但在操作过程中,还是要掌握一定的规律和技巧。

　　·先用铅笔或钢笔在纸上画出透视草图,注意构图与配景的布置。

　　·再用彩色铅笔进行大面积的着色,根据由大面积到小面积、由浅色块到重色块过渡的原则,由左到右地逐一施色。

　　·将彩色铅笔的笔尖磨好,对画面的光影、明暗进行深度刻画。

　　·根据需要也可结合水彩、马克笔等工具一起表现,注意画面中的色彩呼应与协调。

　　·选用表面光滑的纸张以便表现细腻且富有变化的艺术效果。

　　·学会用黑色的笔进行局部调节以及细部刻画。

　　(2)钢笔表现

　　钢笔是所有手绘表现中运用最广泛的一种工具,绘图的范围也扩展到了美工笔、针管笔、签字笔等绘制工具,使用的方式也分为徒手和借助尺规两种。钢笔不同于铅笔可以有轻重变化,而是通过单色线条的曲直变化以及由线条的疏密组成的黑白色调来表现物体。

　　用钢笔表现展示空间的方法有线描法、影调法和综合法,常常与水彩、马克笔和彩色铅笔结合使用。线描法的特点是以简洁、明确的线条勾勒展示形象的基本结构形态,不需要复杂华丽的修饰和烘托,用这种画法必须做到"胸有成竹",在心中把画面安排得当、成熟后再落笔,抓住物体的本质结构而一气呵成。影调法是通过刻画物体的明暗关系,强调其体积感和空间感的一种画图方法,类似西方的素描。综合法是取前两种画法之长处,用单线勾画基本的形体结构,再适当加以排线表示阴影来刻画对象的立体感(图3-59)。

图 3-59　钢笔表现

钢笔表现步骤和技巧如下。

・确定好构图、视点、透视后,用钢笔按照从左到右、从上到下的顺序进行绘制,也可以先用铅笔勾画透视草图。

・勾勒画面中的物体轮廓和结构线,处理好前后遮挡关系。

・对重点表现的物体进行细部刻画,次要的物体或配景可以采用留白的处理手法,光影和明暗变化要表现合理。

・在表现过程中,纯粹的徒手绘制可以让画面效果更生动、随意。

（3）马克笔表现

马克笔以其独特的表现魅力成为快速手绘表现中最常用的工具之一。它具有色彩丰富、透明度高、着色方便、易干、易携带等优点,纸张的选用比较随意,马克笔专用纸、硫酸纸、白卡纸、复印纸等都可以用来作画,不同的纸张着色后会生成不同的明暗及光影效果。

马克笔分油性和水性两种,均属于半干性表现工具,用的时候是湿性,画出的笔触很快变干。不同于水彩需要水、调色盒和毛笔等一系列辅助工具,马克笔可以直接使用,其方便、快捷的特性,使其在设计领域运用广泛,广受欢迎（图 3-60）。

图 3-60　马克笔室内表现

马克笔上色规律是颜色由浅至深,面积由大到小。表现笔触要有规律地排列,注重边角处理,利用笔头多角度的特性画出粗细不同的线条;线条的排列有时可大胆留白,给人以想象的空间。每一支马克笔颜色都是固定的,因此要熟悉每一支马克笔的名称及其色彩特性,上色时方能得心应手,才可以表现出想要的效果。运用马克笔进行表现,要注意以下步骤和技巧。

· 先用铅笔勾画透视草图,再用钢笔将图中的造型、光影、明暗初步表现出来,需等其干后再进行着色,以防止线条遇湿渗色。

· 采用冷灰色或暖灰色将图中的明暗色调画出。可先从大面积入手,逐渐向小面积过渡着色。绘制前可先用自己现有的马克笔在白纸上绘出一张色谱,以便着色时作为色标参考。

· 细部刻画:马克笔的覆盖性不强,浅色无法覆盖深色,上色过程应遵循从浅颜色到深颜色的着色顺序。

· 运笔过程中,用笔的次数不宜过多,在第一遍颜色干透后,再进行第二遍着色,而且要准确、快速,否则会使底色渗出造成浑浊状,失去马克笔透明、干净的特点。

· 表现时,要注意画面冷暖的对比变化,笔触大多以排线为主,所以有规律地组织线条的方向和疏密,有利于形成统一的画面风格。排笔、点笔、跳笔、晕化、留白等方法均可灵活使用。

· 调整阶段,注意色彩之间的相互协调,忌用过于鲜亮的颜色,以用中性色调为宜。

•纯粹地使用马克笔进行表现,难免会有不足,必要时可结合彩色铅笔和水彩进行辅助表现。

(4)水粉表现

水粉色属于水溶性的粉质颜料,色彩饱和浑厚,具有较强的覆盖力,以白色调整颜料的深浅,用色的干、湿、厚、薄产生不同的艺术效果,适用于多种空间环境的表现,且在表现材料的质感以及环境氛围的营造方面独具优势。性能上,水粉颜料介于水彩和油画颜料之间,它不像水彩画那样过于迁就水的特性,又不像油画那样步骤严密,它有着灵活多变的特性,便于深入表现。

采用水粉进行表现,可参考以下方法技巧。

•灵活使用色纸,每种色纸都有自身的优势,可以有效地统一色调。

•由于水粉具有较强的覆盖能力,表现时可以先画背景,后画主体物,最后画植物、人物等配景。

•可以采用厚画法与薄画法相结合的方式进行绘制。

图 3-61　水粉建筑画

图 3-62　水粉加水彩

（5）水彩表现

水彩画是一种经典而古老的表现艺术，能画出透明、细腻的效果。水彩画具有着色明快、灵动的独特艺术魅力，色调或透明滋润，或深沉凝重，其纷繁的技巧变化以及可遇不可求的偶然效果，受到广大设计师的青睐。

手绘水彩效果图表现主要有两种方式：一种是先用铅笔勾画出浅浅的草稿，后用水彩晕染；另一种是先用钢笔勾画出基本的轮廓、光影明暗，再用水彩进行表现。

水彩表现的具体作画步骤和技法可参考以下几点。

· 在水彩纸上用铅笔或钢笔勾画出透视草图，注意构图与配景的布置。在选用钢笔时，由于水性墨水遇水容易变浑，所以多用油性的针管笔勾画出画面的内容（结构、轮廓、光影等）。

· 用大号的毛笔从大面积入手，由浅至深进行渲染，颜色不宜过重，保持色彩均匀。

· 画板上方可以抬高 10 厘米，便于颜料向下自然流淌。所调的颜色要稀淡一些，宁愿多施几遍色，也不要用厚厚的颜色进行平涂，以防止画面出现闷、乱、脏的现象。

· 最后用黑色或较重的颜色进行效果强化和细节刻画。

图 3-63　流水别墅水彩表现

图 3-64　室内空间水彩表现

　　一个好的展示构思,必须有表现力超强的视觉画面才能赢得客户的信任,得到观众的理解。手绘表现则具备了这种直观性、形象化和极强表现效果的特性,它让画面具有了一定的艺术魅力和说服力,常常能达到一种雅俗共赏的视觉效果。因此掌握好各种工具的使用是展示设计的关键点。

二、会展空间版面设计处理

(一)会展版面设计概述

　　版面是会展活动中传达信息的一种媒介,它可以是海报、会刊等印刷品的形式,也可以由展板、背景墙、灯箱等立式界面构成。版面上可书写文字、绘制表格、张贴图片、展示标志、放置展品等,立式版面还可充当展品及整个会展环境的背景。

　　会展版面设计就是将文字、图形等在画面上进行合理的布局和编排,做到主题明确、构图清晰、色彩鲜艳、生动活泼、富有美感。它与其他版面设计的最大不同之处,是它遵循统一性原则。在会展活动中,为保持形象的统一,可根据会展活动的要求制定总版式和分版式。总版式是根据会展总脚本要求来确定版面中标志和标题的大小位置、底纹图案与色彩、字体、风格和形式。分版式是在总版式确定后,根据总版式的要求,对各分类版面形式编排进行统一规定,如图 3-65 所示。这不仅是为了表现版面的装饰性,而且是为了能更有效地传播会展活动的主题、理念和内容,突出会展的整体形象。

图 3-65　会展总版式

　　版面是会展信息的一个传播空间,可以帮助体现会展的主题、目标和内容。明确、直观的信息需要通过版面上的文字、图表、图片等主要媒介形式来传达。

1. 文字设计

版面上的文字需要根据层次和内容结构进行有序分类，如大标题字、副标题字或小标题字，以及前言、简介文字、介绍性文字、图片说明文字和图表中的数字等。这些文字和数字都要统一考虑，如字的大小、体式、行距、字距、颜色等要根据具体情况合理安排。在版面处理上，如果文字的数量不多，字体的造型和色彩可以多一些变化，以免单调；如果文字的数量较多，字体的造型和色彩最好不要变化得太复杂。

标题通常放在正文的前面，以大号字或周围留白等手法来强调、突出标题。字体可采用黑体、魏碑体等，字形可进行叠印、变形、描边、立体化，表面肌理风格化，色彩明暗对比、渐变等处理，如图 3-66 所示。

图 3-66　版面文字

前言、简介文字主要传达会展的重要信息，字体通常采用综艺体、魏碑体、隶书等。字形要求清晰明确。

介绍性文字因信息量大，阅读时间稍长，可使用字号适中、笔画略细的字体，如楷体、宋体或仿宋体等。字体颜色与底版颜色反差要大，若条件限制，可采用字体描边的手法。一段文字的行距须大于字距，行距与字距之比一般为 3∶1 或 4∶1。

图片说明文字和图表中的数字应与版面上的其他文字相区别，字体可用楷体、仿宋体等，并注意要与相邻文字、照片保持一定的间隙，如图 3-67 所示。

图 3-67　版面文字安排

　　版面上文字的排列既可以采用中国传统的竖排形式（图 3-68），也可以根据人的视觉运动规律采取横排形式。

图 3-68　文字版式

　　文字横排的方法有：

　　左对齐。每行文字的行首对齐，行尾参差不齐，自然断行，是一种符合人们阅读习惯的自然排列方法,如图3-69所示。

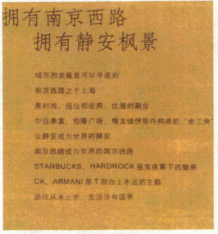

图3-69　左对齐

右对齐。每行文字行尾对齐,行首顺其自然,与左对齐正好相反,如图3-70所示。

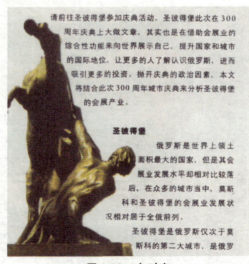

图3-70　右对齐

两端对齐。每行文字的字首字尾全部对齐,是一种常用的版面文字排列方式,给人以整齐美观的感觉,如图3-71所示。

图 3-71 两端对齐

居中。每行文字都按中轴对齐，左右对称，居中排列，而双侧可以不齐，如图 3-72 所示。

图 3-72 居中

顺势排列。每行文字沿图形或图片的边缘顺势排列，使文字与图片相互呼应，如图 3-73 所示。

图 3-73 顺势排列

　　强调排列。每行文字的行首加上方块、圆点、菱形点、五角星等特殊符号，给文字以醒目的标志，如图 3-74 所示。

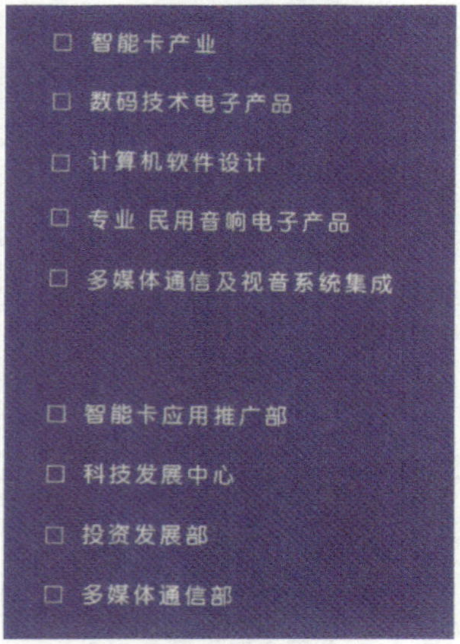

□ 智能卡产业

□ 数码技术电子产品

□ 计算机软件设计

□ 专业 民用音响电子产品

□ 多媒体通信及视音系统集成

□ 智能卡应用推广部

□ 科技发展中心

□ 投资发展部

□ 多媒体通信部

图 3-74 强调排列

2.图表设计

　　版面设计中经常遇到需要运用具体数据进行分析、类比的情况,由于图表能将枯燥、抽象的数字性信息,换成直观的、生动的视觉语言,从而使数据的表达更清晰、概括、易懂。尤其在成就展、汇报展中,图表更是成为传达系统性信息和比较性信息的有力工具。常用的图表有表格、饼图、直方图、星图、动态曲线图、地理统计图等,如图 3-75 所示。

图 3-75　图表设计

　　图表设计中,各类图表在版面中所占面积大小要适当,说明文字、数字的色彩要醒目,图表中的比例关系要精确。

3. 图片设计

版面中的图片可以是绘画、漫画、照片等形式。图片设计的表现形式多种多样,不拘一格,既有感性的,又有理性的。可采用手绘、摄影、漫画、电脑制作等各种手段,有具象、抽象、具象抽象混合等多种表现手法。

(1) 具象表现手法

具象表现手法就是从会展活动的主题和内容出发,选取最具代表性的视觉形象,用摄影等写实的方法进行设计,具有通俗易懂、清楚明确的表现特点。如图 3-76 所示,日本银座百货公司圣诞节展销会的版面设计就采用了圣诞礼品的照片和圣诞老人的形象,创作出一幅充满节日气氛的艺术画面。它将平常的礼品形象作了不平常的奇异组合,并将它统一运用到海报、吊旗、报纸广告及背景墙等各处,能吸引观众的目光,激发其购买欲望。但这种方法的运用要注意避免平庸,克服一般化处理方式,要用独特的构思和新颖的手法,设计出与众不同的版面。

图 3-76　图片具象表达

(2) 抽象表现手法

具象表现手法传播信息量有限,内涵不够深刻,促使人们采用超现实的抽象表现手法进行版面设计。抽象表现手法广泛应用在科技、金融、服务、艺术等具体形象不明确的会展活动中,采用比喻或联想的方法进行设计,具有寓意深刻、形象生动的表现特点。但这种方法如果运用不当,会使观众无法理解,产生歧义。图 3-77 是情人节展销会的海报设计。

图 3-77　情人节展销会海报设计

（3）具象抽象混合表现手法

　　具象和抽象的表现手法各有长处，又各有弱点。如将两者结合，发挥各自的特长，使具体形象与抽象图形共同运用在版面设计中，可使主题更突出，形象更完整。例如，文字与图形的结合、图形与实物结合等，如图 3-78 所示。

图 3-78　结合表现

　　版面设计中的最佳视觉区域是指在一定的距离内，在版面上最引人注目的地方。如果将版面上下左右等分为四块，那么最吸引人注意的是左上部，右上部次之，左下部再次之，右下部为最差。也就是说，版面上部的视觉吸引力强于下部，左部强于右部。所以，版面的左上部和中上部为最佳视觉区域，一般将最重要的信息和内容等放在此处。

　　4.版面设计类型

　　根据上述原理，以及设计的形式美法则，版面设计有以下几种方法和类型。

　　（1）标题型

　　标题型设计根据人们"先看标题后看内容"的读报习惯，以标题在上，然后依次是图片、文字、标志、名称等，如图 3-79 所示。

图 3-79 标题型

（2）标准型

标准型设计首先利用图片来诱导观众的视线，为了让观众了解图片的含义而阅读文字，所以，版面编排上，先将图片放在最佳视觉区域，然后是标题，最后是文字、标志、名称等，如图 3-80 所示。标准型是最常见的、规范化的设计类型，其展出效果好，但易显得单调。

图 3-80 标准型

（3）文字型

以文字作为版面的全部内容，通过对文字进行图形化处理，如艺术字设计、文字与标志的组合、文字之间的对比处理等，在没有照片和插图的情况下，突出文字对主题的表现。文字型适用于会展活动各类背景墙的设计。

（4）图片型

图片占满全版面，文字叠印在图片上，且对比强烈。图片型设计对图片的质量、内容、色彩、构图等要求较高，主要图片可放在版面的左上部，要考虑版面底色与图片的色彩关系，使图片突出，达到视觉舒适的效果，如图 3-81 所示。图片型适用于会展样本的设计。

图 3-81　图片型

（5）字图型

图片穿插在文字之间，图文并茂，相得益彰，使纯文字版面摆脱呆板、单调的感觉，产生新奇感，如图 3-82 所示。字图型适用于展板的设计。

（6）重叠型

版面上的图形与图形、文字与文字、文字与图片按一定的规律相互重叠，使版面富有层次，更加醒目，如图 3-83 所示。但设计时，必须控制各部分叠加的比例和间隔，注意各部分色彩的明暗对比，做到相互协调。

图 3-82　字图型

图 3-83　重叠型

(7)重复型

在版面上,将同一个图形或文字多次重复编排,造成有节奏的美感,具有强调以及引起注意的功效,如图 3-84 所示。

图 3-84　重复型

(8)中轴型

版面的文字、图形、标志、表格等各要素按中心轴线编排,通过中轴两侧各要素的字型、字数、色彩等的适度对比,给人以均衡、生动之美感,如图 3-85 所示。

图 3-85　中轴型

（9）自由型

版面的编排不拘泥于某种形式或规定的限制，文字、图形自由安排，可以充分发挥想象力，给人以自然、随意的感觉，如图3-86所示。

图 3-86 自由型

（10）漫画型

版面以漫画为主，通过漫画将各类信息联系起来，使人在不知不觉中接受信息，较适合青年人的视觉口味，如图 3-87 所示。

图 3-87 漫画型

上述各种设计方法都体现着重复、渐变、对比、平衡、调和统

一、比例协调等形式美法则,它们并非标准化模式,可根据会展活动的对象、内容和特色等不同而加以综合运用。版面色彩是会展色彩的重要组成部分,它可以协调整个会展空间的色调,突出会展主题。版面的色彩包括:版面底色、标题和文字的色彩、图片与图表的色彩等。

版面色彩设计的要求是:①版面上的色彩宜少不宜多,一般不宜超过三色;②各区域的色彩区分要有明显的系统性,同一区域的版面应有统一的底色,最大限度地保持整体色彩的完整性;③版面上的色彩在一定程度上可以通过图片、图表、文字的色彩来调和,利用后者来加强或减弱色彩的对比关系,若色彩出现搭配不协调的情况,可以用黑、白、灰、金、银色分隔不和谐的色彩;④版面色彩的选择应与展品及总体色系相协调。

(二)版面材料与制作

版面设计除创意独特、构思完美外,还需要借助一定的材料,经过一系列的加工演化过程才能成为一件完整的作品。版面常用的材料有纸张、塑料、金属、木材、玻璃等。作品的形式有印刷品、展板、背景板、广告牌、灯箱等。

会展活动中的海报、会刊、样本、票证、礼品袋等大都采用各类纸张、塑料薄膜作为材料,经印刷加工后,才能被广泛使用。在设计工作中,除了娴熟掌握设计技巧和表现技法外,还必须全面了解印刷工艺的全部流程和知识,并加以灵活运用,使作品通过印刷能准确反映设计意图和创作思想。

1.印刷工艺

目前会展活动中的版面印刷方式主要分为模拟印刷方式和数码印刷方式两大类。它们之间的主要区别是模拟印刷需要制版,而数码印刷不需制版。

模拟印刷方式是一种传统印刷工艺,根据工艺原理可分为凸版印刷、平版印刷(胶印)、凹版印刷和孔版印刷(丝网印刷)四种。

（1）凸版印刷。着墨部分（又称印纹，即画面上的图文部分）凸出，非着墨部分（画面上的空白部分）凹陷，当油墨辊滚过时，凸出的印纹沾有油墨，而非印纹的凹陷部分则没有油墨。当纸张放在印版上并给以一定压力时，着墨部分的油墨转印到纸上，印成各种漂亮精美的印刷品。这种印刷工艺主要用于礼品袋、包装纸等的加工。目前常用的凸版有感光树脂版和柔性版，同时还使用部分铜锌版，这种印版主要用于书刊中的烫金。

印刷品的纸背有轻微印痕凸起，线条或网点边线部分整齐，并且印墨在中心部分显得浅淡的，则是凸版印刷品。凸起的印纹边线受压较重，因而有轻微的印痕凸起。

（2）平版印刷（胶印）。着墨部分（印纹）与非着墨部分处于同一平面上，利用油水不相溶的原理，经过特殊处理，使着墨部分成为亲油性的，非着墨部分成为亲水性的，当油墨辊滚过时，亲油性的部分就会沾上油墨，亲水性的部分不会沾上油墨。在印刷时，为了能使油墨区分印版的图文部分与非图文部分，首先由印版部件的供水装置向印版的非图文部分供水，从而保护了印版的非图文部分不受油墨的浸湿。然后，由印刷部件的供墨装置向印版供墨，由于印版的非图文部分受到水的保护，因此，油墨只能供到印版的图文部分。最后是将印版上的油墨转移到橡皮布上，再利用橡皮滚筒与压印滚筒之间的压力，将橡皮布上的油墨转移到承印物上，完成一次印刷，所以，平版印刷是一种间接的印刷方式。目前常用的平版有 PS 版，这也是印刷中应用最广泛的一种印版。

凡是线条或网点的中心部分墨色较浓，边线不够整齐，而且又没有堆起的现象，那就是平版印刷品。

（3）凹版印刷。它与凸版印刷正好相反，它的着墨部分是凹陷的，非着墨部分是平滑的。当油墨辊滚过时，油墨自然落入凹陷的着墨部分，在刮墨刀的作用下，将凹版印版表面（印版的非图文部分）非着墨部分的油墨刮擦干净，只留下凹陷在着墨部分的油墨。当纸张放在印版上时，透过印刷压力的作用，将凹陷处的油墨印在纸上,形成印刷品。它被用来印制票证和各种精美画面的包装物。凹版印刷的承印材料除纸张之外,还能印刷塑胶等承印材料。常用的凹版是电子雕刻凹版。

凡是在线条上所印的油墨堆起来并带锯齿的产品,就是凹版印刷品。因为凹版的油墨大多堆存在较深的凹槽里,所以墨比较浓厚。

(4)孔版印刷(丝网印刷)。将着墨部分制成网孔状,油墨通过网孔转印到承印物上。它可以将图案印制在金属、玻璃、塑料、纸张、布料等材料的表面上,被广泛应用于徽章、广告条幅、服装、旗帜、礼品等的印刷上。如果承印品表面是弯曲的,印版还可以做成曲面版。常用的孔版有镂空版、丝网版等。

孔版印刷的原理就是在刮板的作用下,丝网框中的丝印油墨从丝网的网孔(图文部分)中漏到印刷承印物上,由于丝网网孔被堵塞,印版非图文部分的油墨不能漏到承印物上,从而完成印刷品的印刷。

印刷品上墨层有立体感的,如瓶罐、曲面及一般电路板印刷,多用孔版印刷。

2.传统的模拟印刷流程

如图 3-88 所示,一件印刷品的印制,一般需要经过原稿的分析与设计、电子分色、制板、印刷、印后加工五个基本的步骤。也就是说,一件印刷品的完成,首先需要选择或设计出适合于印刷的原稿,然后利用照相分色、电子分色或桌面分色等手段对原稿上的图文资料进行处理,制作出供晒版或雕刻用的原版(软片、菲林),再用原版制出供印刷用的印刷印版,最后把印版安装到印刷机上,利用印刷机械将油墨均匀地涂抹在印版的图文上,在印刷压力的作用下,使油墨转移到承印物上。完成以上工作之后,经过印后加工以实现不同使用目的的印刷品。

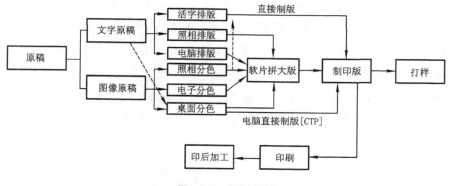

图 3-88 印刷流程

(1)设计。将客户提供的图像、图形、标志等原稿扫描成电子文档资料,并将各类原始资料(文字与图案)编辑整理后,通过电脑辅助设计,制成设计稿,再经领导或客户确认,形成正式设计稿。

(2)电子分色。印刷中一个印版只能印刷一种颜色,当遇到彩色画面时,必须进行电子分色。它是根据色彩学中的三原色原理,将彩色原稿用滤色镜加以分色,使原稿上各种不同颜色分成可供制版的品红、黄、青三种印版分色片,由于这三种颜色重叠时只能产生仅次于黑色的色泽,为了加强画面的深度,必须再加上一张黑色的分色底片,这样,就构成了印刷上的四原色。

(3)制版。将文字、图像、图形、标志等处理好的图文资料组成需要的版式,包括对图像、图形、文字、标志等位置的放置,版面设计以及开本大小进行合理的安排。利用冲洗设备,对激光排版机曝光的 CMYK 四色分色胶片进行冲洗加工,输出符合印刷工艺要求的 CMYK 四色分色胶片。

根据 CMYK 四色分色胶片,选用金属板、塑料板、橡胶板,以感光、腐蚀等化学方法制成 CMYK 四色印版,如图 3-89 所示。彩色画面里有许多明暗和色彩的渐变关系,为了真实反映这种渐变关系,印版大都采用网纹版。网纹版是由轻重不同的网纹组成的,网纹的种类很多,有点状、线状、沙状、布纹状等。版面上光亮部分由较小的网点构成,而黑暗部分由较大的网点构成,印刷时通过大小不同的网点相互间的叠加产生各种不同的色相和不同明度的色彩变化。网点排成的线称为网线,网线有粗细之分,以每平方英寸内的纵横网线数目为标准,有 50 线、60 线、80 线、100线、150 线、200 线、300 线等。线数越多,网线越密,成点的面积就越小,印刷效果越好,对纸张质量的要求越高。但是,网线太密的印版很容易将版面糊死,影响印刷效果,一般采用 150 线网纹版印刷海报。

图 3-89   制版

(4)印刷。印刷过程就是将 CMYK 四色印版,经印刷机分色印刷后,印在白纸上的四色网点中有一部分重叠起来,产生减法混合后的新色,其余的那些保持原色。这些网点相互紧邻地布满整个画面,由于网点十分细密,所以能在视觉中发生色彩混合,使人们能看到与原作非常相似的画面,如图 3-90 所示。

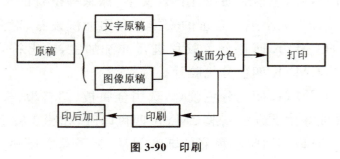

图 3-90   印刷

(5)印后加工:印后加工是整个印刷过程的五个基本步骤的最后一步,它是将经过印刷的承印物加工成符合会展活动实际需要的形式或使用性能的生产技术的总称。印刷品的印后加工包括印品的表面整饰加工和印品的成型加工两大类。

表面整饰是对印刷品表面进行美化装饰，以此提高印品表面的光泽性、立体感、耐磨性等，从而改善了印品的外观效果，使印刷品变得更加绚丽多彩，尤其通过对印品精加工的修饰和装潢，再度提高了印刷品艺术的表现力和产品的档次；其工艺包括覆膜、烫金、压凹凸、UV 上光等。

成型加工包括：对印刷完成的半成品分切成印刷品所需的尺寸的裁切工序；将分切好的单页分别进行折页处理的折页工序；将折页工序加工好的单张、双张及零页或插页按版面排列和页码顺序；用粘、套或插页的方法联在一起，形成一定厚度的书帖的配页工序；将配好的散帖书芯用各种方法订联，成为完整书芯的订书工序以及对印刷品的模切压痕等加工工序。

3. 数码印刷流程

随着二十几年来电子、激光、计算机等技术不断向印刷领域的扩展以及高科技成果在印刷领域中的应用，出现了许多无须印版和印刷压力的数码化印刷方式，如数码印刷、喷墨印刷、激光印刷等，从而使印刷有了新的内涵，印刷是使用印版或其他方式将原稿上的图文资料转移到承印物上的工艺技术，也就是说，印刷是对原稿上图文资料进行大量复制的技术。数码印刷方式可分为无版数码印刷（如喷墨印刷）和有版数码印刷（如静电印刷）两大类。

如图 3-91 所示，数码化模式的印刷过程，也需要经过原稿的分析与设计、桌面分色、印刷、印后加工等过程，只是减少了制版过程。因为在数码化印刷模式中，输入的是图文资料数码信息，而输出的也是图文资料数码信息。相对于传统印刷模式的 DTP 系统来说，只是输出的方式不一样，传统的印刷是将图文资料输出记录到胶片上。

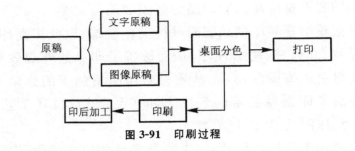

图 3-91　印刷过程

4.纸张的种类和特点

纸张是一种最基本的承印物,也是一种常用的版面材料,除此以外,还有金属、塑料、玻璃、布料等。常用的纸张有:

(1)铜版纸。有单面和双面、无光和有光之分。它是在纸坯上涂布一层由白色颜料、粘胶剂等混合的涂料,经热风干燥压光而成的。质地厚实,表面洁白而光洁,吸墨均匀,适印性好,伸缩性小,抗水性强,适用于海报、会刊、样本等的印刷。近几年,无光铜版纸在印刷中应用较为广泛。用它印刷的会刊、样本、海报往往给人以典雅的感觉,因无高光的刺激,眼睛不会因阅读时间过长而感到疲劳,最适合印刷具有观赏价值的印刷品。

(2)新闻纸。质地松软,吸墨性强,有一定的抗张强度,但抗水性差,易发黄、变脆。主要用于印刷报纸、会刊。

(3)胶版纸。质地紧密不透明,伸缩性小,吸墨性好,抗水性强,纸面的洁白度和光滑度仅次于铜版纸,分为单面和双面两种。适用于海报、书刊封面等的印刷。

(4)白板纸。质地紧密,厚薄一致,吸墨均匀,也有单面和双面之分,单面的印面为白色,背面为灰色。适合于吊牌、工作证等的印刷。

(5)凸版纸。是凸版印刷的专用纸张,其质地均匀,颜色较白,稍有抗水性,不易发黄变脆。主要印刷说明书、会刊等。

纸张的形式分为单张纸和卷筒纸两种。单张纸的幅面尺寸有:880 毫米×1 230 毫米、850 毫米×1 168 毫米、787 毫米×1 092 毫米。纸张幅面允许的偏差为±3 毫米。符合上述尺寸规格的纸张均为全张纸或全开纸。其中 880 毫米×1 230 毫米是 A 系列的国际标准尺寸。卷筒纸的长度一般 6 000 米为一卷,宽度尺寸有 1 575 毫米、1 562 毫米、1 092 毫米、880 毫米、850 毫米、787 毫米等。卷筒纸宽度允许的偏差为±3 毫米。

纸张的重量用定量和令重来表示。

定量是单位面积纸张的重量,单位为克/平方米,即每平方米的克重。常用的纸张定量有 50 克/平方米,60 克/平方米,70 克/平方米,80 克/平方米,100 克/平方米,120 克/平方米,150 克/平方米等。定量越大,纸张越厚。定量在 250 克/平方米以下的为纸张,超过 250 克/平方米则为纸板。

令重是每令纸张的总重量,单位是千克。1 令纸为 500 张,每张的大小为标准规定的尺寸,即全张纸或全开纸。

根据纸张的定量和幅面尺寸,可以用下面的公式计算令重:

令重(千克)=纸张的幅面(平米)×500×定量(克/平方米)÷1 000

纸张的规格常以开数计算。全开是指未经裁切的整张纸,对开是指全张的 1/2,4 开是指全张的 1/4,8 开、16 开、32 开、64 开等,依此类推,此外还有 3 开、6 开、9 开、12 开、24 开等特殊的开数。广告海报的尺寸一般采用对开、4 开、3 开、8 开来印制。

5.展板

展板是会展活动中应用最广的版面形式,已成为会展空间和道具的重要组成部分。它们按造型可分为长方形、菱形、椭圆形、三角形、多边形、自由形等,按形态可分为平面型、曲面型、折面型等。按照明方式可分为内打光和外打光,如图 3-92 所示。

会展设计中,展板的基质可用木质夹板、金属平板、玻璃平板、KT 板、万通板、纺织品面料、纸张、塑料薄膜、塑铝板、防火板、有机玻璃板、塑料板等材料,其中,KT 板是最常用的展板材料。它是一种塑料薄板,中间用发泡塑料,两面用塑料薄膜粘贴而成,具有轻便实用、加工容易、携带方便的特点,颜色包括红、白、黄、绿、灰、蓝、黑等,如图 3-93 所示。

内打光　　　　　　　　　　　　　　外打光

图 3-92　展板

图 3-93　展板基质

　　展板版面设计完成后,可以采用手工绘制、即时贴、计算机刻字、图片粘贴、喷绘写真等多种制作方式。

　　(1)即时贴与计算机刻字

　　即时贴是一种带有背胶的塑料薄膜。它有几百种颜色和花纹。按使用场合可分为室内的和室外的;按透光程度可分为全透光的、半透光的和不透光的;按反光程度还可分为光膜和亚膜。

它被广泛应用于展板、背景墙、广告牌、灯箱等文字、标志和图案的制作。计算机刻字机能平滑地切割小字体或复杂的图形（如标志），既规范、统一、精美、方便，又省时省力，如图 3-94 所示。

图 3-94　计算机刻字机

制作工艺如下：①设计。将展板需要的文字、标志、图案输入计算机，经计算机刻字软件设计编排。②刻字。输入刻字机并将它们刻在即时贴上。③揭字。将文字、标志、图案以外部分的即时贴揭去。④转移。用转移膜（一种黏性小于即时贴的透明粘胶膜）粘住文字、标志、图案的正面，将它们从即时贴的衬纸上揭下。⑤上板。将文字、标志、图案仔细对准展板的相应位置贴上去，再揭去转移膜，即完成即时贴制作工艺。

当即时贴制作的文字、标志、图案等大于 40 厘米时，可采用湿法转移，先在展板表面洒上洗涤剂，再将文字、标志、图案对准展板的相应位置贴上去，揭去转移膜，用刮板刮去水分即可。它的优点是粘贴方便、调整容易。

除了文字、标志、图案外，展板上的图片也可以是照片，用薄型双面胶和喷胶等方法粘贴。

（2）喷绘写真

喷绘写真是当前版面制作中应用最为广泛的一种制作工艺，采用先进的电脑图形图像处理和全彩色喷绘技术。

喷绘写真机是用于图形图像处理的彩色画面制作系统。简洁的中英文操作界面，显示喷绘文件的实际彩色图像并以游标显示实时喷绘进度；软件的色彩管理及内部分色功能可自动控制偏色；通过调整图像的分辨率，可喷绘出大小不同的图样；新颖的喷墨技术，既能快速喷绘，又能保证图像质量，产生意想不到的效果，如图 3-95 所示。

图 3-95　喷绘写真

喷绘的底面材料根据使用场合不同，可分为以下几种。

①户外涂层背胶胶片。广泛用于室外灯箱、车身贴、展板、背景墙、广告牌等场合，具有抗晒、不褪色的优点，并有一定的透光性，可直接粘贴于灯布、有机板、车身等处，内外打光效果皆佳。

②户外合成纤维布。广泛用于室内外广告条幅、锦旗等制作，具有色彩丰富、画面清晰的特点，是取代传统室外布质丝印、手绘条幅的最佳材料。

③柔性灯布。具有极好的透光性能，常用品牌有柯力、欧特

龙等,可直接进行喷绘写真,广泛用于背景墙、广告牌、灯箱等版面制作。内打光的画面色彩效果好,外打光须在灯布后加衬板。

④背胶防水纸。它自带背胶,是会展室内版面的主要材料。它具有制作方便、便于携带的特点。可制成展板、画轴、海报等形式。广泛粘贴在木质夹板、金属平板、玻璃平板、KT 板、万通板、纺织品面料、塑料薄膜、塑铝板、防火板、有机玻璃板、塑料板等材料上。若材料表面覆上塑料光膜,可保护画面;覆上亚膜,则可防止眩光和光幕反射。

⑤背喷灯片。主要用于灯箱展示,具有色彩明亮、图案逼真的效果。

⑥高光像纸。主要用于室内海报、大幅照片、设计效果图的制作。

⑦背胶灯片。具有半透明的特点。可粘贴在灯布、透明有机玻璃表面,在内打光的情况下可取得较好效果。

制作工艺如下:首先,用手工打字、扫描仪、数码相机等将版面所需文字和照片等输入计算机。其次,采用计算机图文、图像处理技术,将输入的文字、照片以较低的像素和较小的画面进行设计与编排,借助小型彩色打印机以 A3、A4 的幅面打印样稿。经客户认可后,再设计正稿。在正式制作前,按成品的精度打印一份校色稿,幅面宽度与成品相同,长度为 10 厘米左右,以确认色彩与喷绘精度。最后,上机喷绘,经晾干、覆膜、裁切、装裱等工艺后制成成品。

喷绘写真的质量与墨水有密切的关系。一般来说,露天室外的版面要用抗紫外线、防晒的油墨,以防掉色。

展板的设计大部分以板材为主,但有时创造性地使用柔性材料,用画轴将画面展平,也会给人一种新颖别致的感觉,如图 3-96 所示。

(3)灯箱

灯箱是会展活动中最常用的展板形式。

图 3-96　展板版面

三、会展空间的指示导向规划设计

（一）设计参观引导图

参观引导图是指放置在场馆的入口处、观众休息区和通道各处,显示场馆各个展区和参观线路的总体平面示意图。它让观众能很快了解场馆的分布及各展区的内容特色,到达各展区的最佳线路,以及要寻找的参展商在馆内的具体位置,给观众一个总体的视觉参照。如图 3-97 所示。

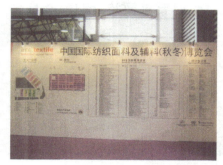

图 3-97　参观引导图

虽然参观引导图式样繁多,但结构上多为展板式,要求稳固而不会倒下。平面上必须出现的元素包括:会标;展会名称;展位平面图,此时的展位平面图是上述展位布置平面图经参展商预定和变化后最终定稿的那张平面图;展位号以及与此相对应的展商名录。

（二）设计指示路牌

指示路牌是指在场馆现场各通道交叉拐弯处,引导人流方向的标识。它可以是竖立在通道上或挂在墙壁上的路牌,以及绘制在地面上的符号等。如图 3-98 所示。

图 3-98　设计指示路牌

指示路牌结构形式可以多种多样，但要求简洁、醒目、指向清晰明了。

（三）设计区域标识

有些展会根据不同的展品分成若干不同的展区。为了方便观众参观，在每个展区内设立了区域标识，明确告知观众现在所处的展区位置。它可以是悬挂在半空的吊牌，以及竖立在通道上路牌。如图 3-99 所示。

图 3-99　区域标识设计

如果区域标识是悬挂在半空中，要选择一些轻质材料；如果是竖立在通道旁，要注意结构的稳定性。表述的内容要通俗易懂、简洁、醒目，选择的颜色、图案要与参观引导图、指示路牌保持一致，以便共同编织一条贯穿整个展会的主线，使观众对此展会得到视觉上的整体享受。

四、会展视觉识别系统设计

（一）会展会标设计

1.会展标志的构成要素

（1）文字

文字标志即完全利用中、英文构成的文字形式表现的标志，文字标志主要有汉字标志、拉丁字标志、综合字标志等,一般每个字母或者数字都有指定含义,也是为了体现会展主题。

（2）图形

由图形构成的会展标志主要由两种图形构成,即几何抽象图形和自然图形。

几何抽象图形是以抽象的图形单纯地表现设计者的感觉和意念,具有深刻的内涵和神秘的意味性,简洁概括。自然图形基于客观事实,对现实对象高度浓缩和提炼,具有鲜明的形象特征,通俗性强,易被大众接受。无论是哪种图形,都具有特定的象征意义。

（3）图文结合

图文结合是会展标志设计中最常用的手段,它主要有以下3种形式。①直接结合,增强标志的趣味性和艺术性,给观众留下深刻印象。②变形文字使之具有一定图形特色,这样的标志简练生动,通俗易懂。③将文字某些笔画具象化,这种构成法通常具备上述变形文字设计的优点。

2.会展标志的设计手法

（1）具象手法

具象手法是指采用与标志对象直接相关且具有典型特征的形象或几何图形直接描述客观主题,这种方法直接明确,便于理解记忆,如用钱币表示银行,用汽车方向盘表示汽车等。

（2）抽象手法

抽象手法是指采用无特殊含义的简洁而形态独特的抽象图形、文字或符号表现会展主题,给人一种强烈的视觉冲击感和现代感,吸引观众注意并让人难以忘怀。

（3）象征手法

象征手法是指采用与展示内容有某种意义上联系的事物图形、文字、符号、色彩等,以比喻、象征等手法唤起人们的情感,以达到突出主题的作用。

象征形象包含约定俗成的特定意义,以标志为载体传递展会信息,其简洁直观、生活化的形态更易被大众接受和记忆。寓意手法采用与标志含义相近或具有寓意性的形象,以暗示、示意、影射的方式表现标志的内涵与特点,如用箭头形象表示方向。

3.会展标志的设计原则和要求

(1)创意要求

从主题、内容等角度提出内涵深刻的创意概念和执行点子,很好地明示或暗示品牌的理念和价值。设计应新颖独特,醒目直接,有较强冲击力,具备国际性文化共同性,即国际化的潜力和准备。

(2)形象要求

设计清晰简洁,布局合理,比例恰当,整体平衡,具有整体美感;色彩强烈鲜明,搭配协调,图案线条清晰和谐;隐喻或象征恰当,不产生歧义并能充分表现会展形象,体现其核心内涵;满足于各类载体使用时的要求及实物制造时的省时方便性要求;注意版权问题,在法律上不引起纠纷。

(3)营销要求

会展标志要能体现会展的品牌价值和经营理念,展现办展单位的实力;能准确传达会展信息,体现会展的特征和品质;用容易理解的图案将会展的优势明确化,成为会展的象征,使之成为品牌形象的外延内容。

(4)认知要求

遵循参展商和观众的心理认知规律,符合他们的文化背景;通俗易懂,容易记忆,不脱离时代;能很容易地吸引公众的注意,让人们产生深刻印象。

(5)美感要求

有极强的感染力,令人愉悦,产生美感;容易被大家接受,并能使人产生丰富联想和积极的作用。

4.会展标志的功能

（1）识别功能

会展标志是会展主题形象的体现，既要清晰醒目，易于辨识；更要特色鲜明，避免与其他事物相互混合雷同，造成错觉。

（2）传达信息

以独特定位和形式的视觉语言诠释会展核心内涵，并准确表达其精神、主题。

（3）个性特征

以强烈鲜明的视觉表现和突出的视觉形象传递出鲜明的现代感和轻快感，以特有的艺术效果和视觉吸引力传递会展的概括笼统信息。第 101 届广交会更名为"中国进出口商品交易会"后，为满足广交会更名的需求，加强对广交会品牌形象的宣传，第 102 届广交会启用以盛开的"宝相花"和"顺风轮"为创意原型的广交会新 Logo，如图 3-100 所示。

图 3-100　广交会的新会标

广交会新 Logo 图案采取"中国红"为基色，体现了喜庆、祥和与尊贵，具有浓厚的中国风和民族特色；花瓣的设计采用旋转、对外无限顺延的方式，形象体现了广交会的开放性；花瓣数目蕴含"六六和顺"之意，图形呈中国民间常见的风车形，既有"中国风"特色又有顺风向前的意蕴，还预示广交会协调可持续发展的原则。新会标名称的中文字体继续沿用郭沫若先生手写的"中国进出口贸易会"，英文名称全称为 China Import and Export Fair，简称 CIEF。

（二）会展邀请函设计

1. 观众邀请函

观众邀请函是办展单位根据展会实际情况编写的用于邀请观众参加展会的一种宣传单张。它是专门针对展会的目标观众发送的，一般采取直接邮寄的方式发送到目标观众的手中，因此观众邀请函的发送是基于完善的目标观众数据库。

观众邀请函设计包括以下内容。

（1）展会的基本内容

展会基本内容包括展会名称、举办时间地点、办展规模、办展单位、展会 Logo 及展会优缺点、展品范围和价格等要素。

（2）展会期间举办的相关活动

简单罗列展会期间的相关活动安排，便于目标观众选择性地参加。

（3）展会招商状况介绍

展会招商状况包括展出的主要展品、参展新品及参展商状况。

（4）参观回执表

参观回执表包括参观申请的联系方式和联系人，方便观众预先登记。

观众邀请函是展会支付营销的有力途径，它能邀请到观众到会展参观，也能直接扩大展会的推广宣传，间接帮助了展会的招展工作。

（5）艺术性的版面设计

艺术性的版面设计使得观众对展会形成良好的第一印象和初步了解，能够引起观众的兴趣，吸引其注意。

2. 会展招商函

（1）会展招商函的内容

会展招商函是办展单位用来说明展会以招揽目标参展商的

宣传小册。它主要的作用是向目标参展商说明展会相关情况,引发兴趣,吸引他们的参展。会展招商函是目标参展商了解展会状况的重要信息来源,它包括以下 5 个方面的内容。

①展会的基本内容。

②市场状况介绍,主要包括兴业状况和地区市场状况等。

③展会招商和宣传推广计划。

④参展办法,包括付款方式、参展手续办理、参展申请表填写和报展状况。

⑤艺术性的版面设计。它使得参展商对展会形成良好的第一印象和初步了解,能引起参展商的兴趣,吸引其注意。

(2)会展邀请函设计的原则

会展邀请函是展会形象在观众(参展商)面前的第一次展现,这种最初接触到的信息在观众(参展商)脑海里所形成的对会展的印象,对其以后的行为活动和评价有着至关重要的影响,它虽然不一定准确,但却是最鲜明、最牢固的。

优秀的会展邀请函既是观众(参展商)了解会展的第一手参考资料,又是显示展会主题和核心精神及企业品牌形象的重要途径。会展邀请函的设计需要遵循以下几点原则。

第一,信息明确、格式规范、章印齐全。

会展邀请函需包含章节首段提及的几点重要内容。按照规定的格式书写,避免遗漏,将展会信息合理充分地呈现;会展活动邀请函落款需要具备必要的章印,以证明邀请函(信)的真实性与合法性。

第二,针对性原则。

针对不同的目标对象,邀请函内容的侧重点应有所不同。观众邀请函应重点突出展品形象,从消费者角度深度剖析其心理,以展品为亮点吸引观众参展;招商邀请函应当以展会规模为侧重点,突出会展影响力以及带给参展商的社会效益及经济效益,明确展会给参展者提供的交流平台功能,以此为着重点书写邀请函,吸引参展商参展。

第三,主题鲜明、图文并茂,富有美感。

会展邀请函除了必要的会展信息,还需突出会展主题及企业形象,以文字说明为主,配以抽象图像,使之更具有生命活力,以独具艺术性的表现形式强化视觉记忆,凸显独特性的效果,以便更能引起观众(参展商)的兴趣。以下是两个会展邀请函的封面设计,如图 3-101、图 3-102 所示。

图 3-101 河南郑州食品加工与加工设备博览会邀请函

图 3-102 中国广州国际家具博览会邀请函

（三）会展票证设计

会展票证是一种作为凭证的纸张，它是规范展会秩序与管理的有效工具，对展会入场资格进行票证管理，一方面是为了确保展会工作安全有序进行及展会效果的良好呈现；另一方面是出于对展会相关数据统计的需要，即为会展市场的分析及观众数据库的建立提供第一手资料。

根据具体需要，展会一般有以下 8 种票证。

1.参展商证

供参展单位人员进出展馆使用，如图 3-103 所示。

图 3-103　中国国际美容展览参展商证

2.观众证

观众证（含贵宾证）供参观人员使用，需填写表格并提供名片；贵宾证专供来参观的嘉宾使用，如图 3-104 所示。

图 3-104　中国科技展嘉宾证（底案设计）

3.组织机构工作证

供会展组织机构工作人员使用。如图 3-105 所示。

图 3-105　国际石材科技展览会工作证

4.布展、撤展证

供会展布展/撤展时,承建商和参展商的相关工作人员使用,由参展商按需申领,展览期间无效,如图 3-106 所示。

图 3-106　烟台岁末车展布撤展证

5.展会服务证

供展会的承建商、承运商及各服务单位的人员使用,如图 3-107所示。

图 3-107　展会服务证

6.记者证

记者证有时候也叫媒体证,供展会媒体记者及摄影等工作人员使用,如图 3-108 所示。

图 3-108　中国·临沂名优商品(品牌)和企业形象博览会记者证

7.参展停车证

供展会期间人员进入会展场所停车场停车时使用。

8.展会门票

部分会展会面向普通观众开放并出售门票,此类门票需在取得税务部门同意后方可印制和出售,如图 3-109、图 3-110 所示。

图 3-109　上海工艺美术精品博览会门票

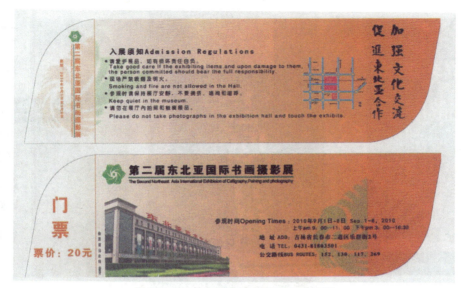

图 3-110　东北亚国际书画摄影展门票

（四）会展会刊与宣传海报设计

1. 会展会刊的设计原则

（1）设计构思新颖

会展会刊的设计构思首先应确立为展会内容服务的形式，用最感人、最形象、最易被观众接受的形式表达。所以封面的构思就显得十分重要，要充分体现展会的性质、风格，做到构思新颖、切题，有感染力。构思要新颖，就需要不落俗套，标新立异，如图 3-111 所示。

（2）设计的内容

会展会刊的设计内容主要包括展会名称、主题、主办机构、时间、地点等要素，如图 3-112 所示。

（3）设计的规范化

封面设计的规范化是会刊编排格式规范化的直观体现。规范化原则具体表现在会刊开本大小及其构成要素上，以及各要素位置的限定和相互关系等方面。

图 3-111　中国国际珠宝展会刊封面

图 3-112　汕头国际音响大展会刊封面

　　通常会刊开本主要是大 16 开本,作为国际通用标准现已逐步被设计人员普遍接受,但也不排除个别展会设计人员个性化设计特殊规格的存在。

　　会刊要能体现科技和学术性的特征,其一般风格应是庄重、大方、雅致、简洁、明快、严谨、精细、协调等。在设计会刊的版面内容时,可以采用具象写实手法,也可以运用抽象隐喻或象征手法。不管采用何种手法都应注意表现素材选择要得当,要富有代表性和表现力,且具有可以为大众理解的象征性寓意,具体表现手法要艺术化,不宜太张扬、太直白。

增强视觉形象的识别性与表现会刊内容特色是密切相关的,但并非等同的概念。增强视觉形象的识别性主要从强化视觉识别的独特性和视觉冲击力方面考虑,使读者留下过目难忘的视觉印象。这要求封面文字、色彩搭配、构图形式、布局安排方面要有创意,要有与众不同的新颖性、独特性、巧妙性,并可适当采用艺术夸张手法。

图 3-113　俄罗斯国际轻工纺织服装及设备展会刊封面

2.会展海报的设计原则

（1）主题明确

会展海报是会展形象宣传的一种重要手段与途径,在设计时需明确所需传递的主题思想与核心内涵,为在观众及参展商心目中建立良好的会展形象打下基础。

（2）简洁明确

在会展海报的设计中要删减冗余,突出重点,体现层次感。一般可采用假定手法,将现实与虚幻、时间和空间有机结合,完美呈现。也可采用象征手法,激发受众联想,效果鲜明又无须复杂元素组合,保证海报版面的简洁性。

（3）艺术呈现

海报设计并不是单纯纸面的会展信息罗列，还是一种艺术化的视觉呈现。设计时需要做到色彩鲜明，意蕴深刻，以绝佳的艺术性视觉效果展现出会展的主题形象及核心内涵精神。

（五）会展参展指南与展板设计

1.会展参展指南设计内容

（1）参展指南（或展览手册）首页

首页内容包括：展会名称、时间、地点，展会组织单位名称（包括主办单位、承办单位等）。

（2）展会简短介绍

简要介绍展会规模、参展企业数量及背景、展品特色、展会相关活动安排等。

（3）展会安排提示

展会安排提示包括准备期、布展期、撤展等具体要求，联系主办单位、承办单位的相关事项，联系人、联系方式。

（4）展台搭建提示

展台搭建提示包括搭建准备期、布展、撤展等注意事项，主搭建单位名称、联系人、联系方式。

（5）展品运输服务

展品运输服务包括货车行驶路线示意图，主运输单位名称、联系人、联系方式。

（6）宾馆接待、旅游服务

接待服务包括展馆交通指南、展馆周边宾馆名称、联系人、联系方式。

（7）展览宣传语广告服务

宣传语广告服务包括企业形象推广指南等。

（8）相关表格

这是指参展商在筹展和布展过程中需要使用的各种表格，主要包括展览表格和展位搭建表格两种。

（9）外语文本

如果展会有海外参展商，还要将参展指南翻译成相应的外语文本。

展会参观指南的设计编写应从观众的需求出发，一切都是为了方便观众到会展参观，因此，指南设计应当简洁明了，条理清晰，一目了然。

2.展板设计原则

如何设计出完美的展板以突出展品、营造氛围，需要考虑以下几个原则。

（1）统一原则

统一原则包括版面形式变化和内容的协调以及版式局部和整体的统一协调。

①前者是由于版式受到展示内容限制并服务于内容，展板的形式美不能脱离所展内容，否则就变成了无意义的美感设计，脱离主题。

②后者是由于展板是一个整体的展示系统，任何局部元素都不能脱离整体而孤立展现。版面构成是传播信息的桥梁，所追求的完美形式必须符合主题的思想内容，这是版面构成的根基。

③强调版式的统一性原则，也就是强化版面各种编排要素在版面中的结构以及色彩上的关联性。通过版面的文、图间的整体组合与协调性的编排，使版面具有秩序美、条理美，从而获得良好的视觉呈现效果。

（2）突出原则

突出主题展板版式设计本身并不是目的，而是为了更好地传播展馆展览内容。一个成功的展馆展览版式构成，必须明确展览的目的，并深入去了解、观察、研究与展览信息有关的方方面面。设计的最终目的是使画面产生清晰的条理性，以悦目的形式来更好地突出主题，达成最佳的诉求效果。

主题鲜明突出有助于增强观看者对画面的注意,能够增进人们对内容信息的理解。要使画面获得良好的诱导力,鲜明地突出诉求主题,可以通过画面的空间层次、主从关系、视觉秩序及彼此间的逻辑条理性的把握与运用来体现。

①按照主从关系的顺序,突出主体形象,使之成为版面的视觉中心,以此来表达主题思想。

②将文案中的多种信息作整体编排设计,有助于主体形象的建立。

③全部造型元素以多种主题的意念和风格为中心,形成统一和谐的整体。

④在主体形象四周增加适当的空白量,使被强调的主体形象更加鲜明。

(3)均衡原则

展板的设计是一种有目的的策划,在平面设计中利用视觉元素来传播设计者和主办方的设想和计划,用文字和图形把信息传达给观众,让人们通过这些视觉元素了解所传达的信息。

整个版式的布局结构需给人一种均匀、平衡、安定的感觉。设计版面时,合理控制版面空间的设计元素均匀分布。版面边框的长度比,文字、图片等内容与表面框架的面积之比,文字与图片的关系均需遵循一定的比例关系,因为恰当的比例关系能给人以和谐的美感,超出一定比例则会使人觉得别扭。

而一个视觉作品的生存底线,应该看其是否具有感动他人的能量,是否顺利地传递出展品背后的信息,平面设计要让人感动,需要从足够的细节做起,如色彩品位、文字设计与编排、图形创意、材料质地等,把影响平面设计视觉效果的多种元素进行有机艺术化组合。

第四章　会展氛围设计与渲染

第一节　会展色彩设计

一、色彩的要素构成

色彩是一种光的现象,物体的色彩是光照的结果。真正揭开色彩产生之谜的是英国科学家牛顿,他将透过小孔的阳光用三棱镜进行分解,产生了包括红、橙、黄、绿、青、蓝、紫七种颜色的光谱(图 4-1)。

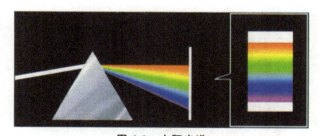

图 4-1　太阳光谱

(一)色相

色相是指色彩不同的相貌。色相中以红、橙、黄、绿、紫色代表着不同特征的色彩相貌。当黄色加入白色之后,显出不同的奶黄、麦芽黄等,但它的黄色性质不变,依然保持黄色的色相。

色相是有彩色的最重要的特征,它是由色彩的物理性能所决定的,由于光的波长不同,特定波长的色光就会显示特定的色彩感觉,在三棱镜的折射下,色彩的这种特性会以一种有序排列的方式体现出来,人们根据其中的规律性,便制定出色彩体系。

色相的数量并不是一个确定的数,从三棱镜中分出来的是七色:红、橙、黄、绿、青、蓝、紫,但每两种颜色之间并无明显的分界,而是一个渐变的过程,所以,不同的研究呈现为不同的划分方法,色相就出现有 8 种、20 种、24 种,甚至 100 种等等。它们是根据光的波长秩序排列的,表示的方法就是"色相环"。每一种色相都有一个明确的称号,但通常总是用形容调"深""浅"来表示,这样是无法将几千几万种的色彩加以区分的。因此,色彩的研究者为了科学地区分色彩,运用了各种标识的方法。

最初的基本色相为红、橙、黄、绿、蓝、紫。在各色中间插入一个中间色,其头尾色相,按光谱顺序为红、橙红、橙、黄橙、黄、黄绿、绿、绿蓝、蓝、蓝紫、紫。基本色相间取中间色,即得十二色相环,再进一步便是二十四色相环(图 4-2)。在色相环的圆圈里,各彩调按不同角度排列,则十二色相环每一色相间距为 30°,二十四色相环每一色相间距为 15°①。

图 4-2 二十四色相环

① 萧冰,李雅.设计色彩[M].上海:上海人民美术出版社,2009.

在国外的颜料上都有色相的明确标识,例如,10pB,指的就是带紫的蓝中第 10 色。另外,某一种色相和黑、白、灰调和,无论产生多少种明度、纯度变化,它们都属于同一种色相。

在设计中,设计师在一个色系中找到合适的色相是要仔细斟酌的。甚至在直觉性选择之外不得不借助理性地分析,才能做出决定。比如红色在设计中的使用,朱红、大红、深红等各种红色之间存在相当大的差别。

(二)明度

色彩的明度指的是色彩的明暗程度,也称光度、深浅度。一个色彩加入白色越多,明度也越高,加入黑色越多,明度就越低。

在无彩色中明度最高的是白色,明度最低的是黑色。从白色到黑色中间出现一系列明度不等的灰色,从亮灰色到暗灰色,我们把这一系列的明暗变化称为明度系列,对于光源色来说也称光度、亮度等。在有彩色中也有明暗的差别,最亮的是黄色,最暗的是紫黑色,其他色彩居中。

为了更有效地使用色彩,我们应该知道每种颜色的标准明度。这种标准明暗在色轮上看得很清楚,色轮上的颜色按照中性明度的水平从黑到白依次排列。

(三)纯度

色彩的纯度又称饱和度,它是指色彩的鲜艳浓度和纯净度。纯度的高低决定了色彩包含标准色成分的多少。在自然界,人类视觉能辨认出有色相感的色,都具有一定程度的鲜艳度。然而,不同的光色、空气、距离等因素,都会影响到色彩的纯度。比如,近的物体色彩纯度高,远的物体色彩纯度低,近的树木的叶子色彩是鲜艳的绿,而远的则变成灰绿或蓝灰等(图 4-3)。

C100
Y100

K50

图 4-3　同一色相之间的色彩度变化

在光色中,各单色光是最纯净的,颜料是无法达到单色光的纯净度的;在颜料中,色相环上的色彩是最纯净的,而任何一种间色会减弱其纯净度。①

在人的视觉中所能感受的色彩范围内,绝大部分是非高纯度的色,也就是说,大量都是含灰的色,有了纯度的变化,才使色彩显得极其丰富。不同的色相不但明度不等,纯度也不相等,如纯度最高的色是红色,黄色纯度也较高,但绿色就不同了,它的纯度几乎才达到红色的一半左右。在实际的设计工作及日常生活中,对色彩纯度的选择往往是决定一种颜色的关键(图 4-4)。

图 4-4　高纯度的色彩往往醒目,色度感强

二、色彩种类

(一)原色

原色,色彩中不能再分解的基本色称为原色。原色能合成出

---

①　纯净的色彩看起来很刺激,视觉效果上冲击力很大,如果难以与其他色彩相配合,画面往往就会难以控制,所以,在设计中有时需要降低颜色的纯度,使画面中的所有色彩都统一起来,协调起来。

其他颜色,而其他颜色不能还原出本来的颜色。

原色只有三种:色光三原色为红、绿、蓝,颜料三原色为品红
(明亮的玫红)、黄、青(湖蓝)。色光三原色可以合成出所有色彩,
同时相加得白色光。颜料三原色从理论上来讲可以调配出其他
任何色彩。同色相加得黑色,因为常用的颜料中除了色素外还含
有其他化学成分,所以两种以上的颜料相调和,纯度就会受影响,
调和的色种越多就越不纯,也越不鲜明,颜料三原色相加只能得
到一种黑浊色,而不是纯黑色(图 4-5)。

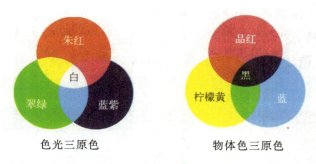

图 4-5　三原色

(二)间色

间色,由两个原色混合得间色。间色也只有三种:色光三间
色为品红、黄、青(湖蓝),有些彩色摄影书上称为"补色",是指色
环上的互补关系。颜料三间色即橙、绿、紫,也称"第二次色"。必
须指出的是色光三间色恰好是颜料的三原色。这种交错关系构
成了色光、颜料与色彩视觉的复杂联系,也构成了色彩原理与规
律的丰富内容。

(三)复色

复色,颜料的两个间色或一种原色和其对应的间色(红与绿、
黄与紫、蓝与橙)相混合得复色,亦称"第三次色"。复色中包含了
所有的原色成分,只是各原色间的比例不等,从而形成了不同的
红灰、黄灰、绿灰等灰调色。由于色光三原色相加得白色光,这样

便产生两个后果:一是色光中没有复色,二是色光中没有灰调色。如两色光间色相加,只会产生一种淡的原色光,以黄色光加青色光为例:黄色光＋青色光＝红色光＋绿色光＋绿色光＋蓝色光＝绿色光＋白色光＝亮绿色光。

三、色彩的系别

(一)有彩色

有彩色彩就是我们通常所说的色彩。世界正因为有了多种多样的色彩,才会精彩纷呈。人们的生活与色彩有着密切的关系,由色彩造成的心理上的满足感和刺激感不断影响着人们,色彩完全融合于人们的生活中,成为现代生活的一个重要特征。

图 4-6 有彩色

(二)无彩色

无彩色是指黑色、白色以及由黑白两色相融而成的各种深浅不同的灰色。也就是说,无彩色的颜色不具备色相和纯度的性质,只在明度上有变化。色彩的明度可以用黑白度来表示,越接近白色明度就越高,越接近黑色明度越低。

无彩色只有黑白的明暗变化,从物理学的角度来看,无彩色不应包括在可见光谱中,不能称为色彩,但从视觉生理学、心理学上来讲,它们具有完整的色彩性质,应包括在色彩体系中。在色彩中,无彩色在视知觉和心理反应上与有彩色一样具有重要意义。无彩类色按照一定的变化规律,可排成一个系列,白色渐变到浅中灰、深灰直到黑色,色度学上称此为黑白系列,当某一种色彩分别调入黑、白色时,前者会显得较暗,而后者会显得较亮,如果加入灰色则会降低色彩的纯度(图 4-7)。

图 4-7　无彩色

灰色是由不同比例的红、黄、蓝三色的混合而成,由于各原色间的比例不等,三色中任何一色含量略有变化,混合之后的灰色也不尽相同,如可以形成红灰、黄灰、蓝灰或绿灰等各种不同色彩倾向的灰色。另外,灰色在作品中能起到协调作用。也就是说,灰色具有两重性,这是因为任何纯度再高的色彩只要沾上一点灰色就会黯淡或高雅。灰色也会被周边色彩干扰而带有一定程度的色彩倾向。这说明了灰色能与任何色彩协调相处,也可以和所有颜色互相混合。置于灰色周围的色彩多因灰色的衬托而显得饱满起来。

少量其他色彩拼混出不同灰色,使用补色不同分量比例相加也可以得到不同色相的灰色;红色和粉绿色调和可以得到棕灰色,蓝色与橙色相加是绿灰色,柠檬黄和紫色相混则为带有褐味的浓重灰色等。这些灰色比纯灰色具有更多的变化,可以根据画面色调灵活调整,不能生搬硬套、死记硬背专业色彩术语、理论和混色技能。

此外,还可以大胆尝试综合运用色彩,调配出冷灰色调、灰紫色调、暖灰色调等,形成对各类色调的控制。

四、色彩设计的基本原则

科学、艺术、统一地组织各种色彩的色相、明度、纯度的过程就是配色的过程,这就是应遵循同一性原则、连续性原则和对比原则。

（一）同一性原则

同一性原则就是色彩在某一方面有相同的原则，或具有相同的纯度，或具有相同的明度或者具有相同的色相。

（二）连续性原则

色彩的明度、纯度、色相依照光谱的顺序形成连续的渐变关系，根据这种变化关系选择空间色彩，即连续的配色原则，这个原则有利于色彩之间进行统一。

（三）对比原则

在设计中可以适当地运用对比原则，同一性原则是配色的起点，是配色设计的基本，是整体环境的基础。连续性原则贯穿于整个设计之中始终围绕着几种主要色彩的对应关系。对比原则应体现在环境设计的突出之处。

五、会展空间色彩设计的表现

（一）色彩感受

色彩在会展设计的运用中有着极强的表现力和感染力。通过参观者的视觉感受所产生的生理、心理及物理效应的反应，进而形成寓意深刻的内涵和特征。

在整个会展的大环境中，色彩的作用是使人们感到舒适，满足除展会所必要的功能外更能满足人们的精神需求。在空间设计中如果将色彩所具有的一些特性发挥出来，那么设计将会迸发出迷人的魅力，事半功倍。

1. 温度感

在色彩学中，将色相不同的色彩分为冷色、温色和热色。从青紫、青至青绿色称为冷色，其中又以青色最冷；紫色是由红与青混合而成,绿色是由黄与青混合而成,因此是温色;从红、紫、红、橙、黄到黄绿色被称为热色,其中以橙色最热。这与人类长时间的感知系统是相互映衬的。红色、黄色给人以炎热、躁动之感,让人联想到火辣辣的大太阳等;青色、绿色给人宁静清爽之感,诸如湖水的色泽。色温还与明度相关联,如内合白色的明色具有凉爽感,而黑色则具有温暖感。

2.距离感

色彩可以利用物体之间的距离,使人感觉进退、凹凸、远近的不同,如暖色系和明度高的色彩具有前进、凸出、接近的效果,冷色系和明度较低的色彩则具有后退、凹进、远离的效果。在空间设计中色彩的这一特点应用的相当广泛,人们利用这一特点去改变空间的大小和高低,空间过高时,可利用近感色,减弱空旷感,提升亲切度;墙面过大时,宜用收缩色;柱子过细时,宜用浅色;柱子过粗时,宜用深色。当然,色彩距离感也与明度有关。高明度的色彩有前进感,低明度的色彩有后退感,故人们总是感觉朝光的表面向前凸,而背光的表面向后凹。

3.重量感

色彩的重量感在于明度和纯度,两者程度较高的颜色显得轻,如桃红、浅黄色。在多空间设计的构图中常以此达到平衡、稳定的需要,以及表现性格的需要,如轻佻、庄重等。

(二)色彩与色调表现

为衬托渲染主题,色调是色彩设计的意境,配色是色彩设计的方法,调色是色彩设计的技巧。色调也有一定的规律,在展示实际运用中也有各种含义,供色彩设计时参考。

如按色相分,各种色彩有各种性格,也就构成各种基本色调。

如按明度分,或按亮度分,有明调、暗调、高调、低调等。

如按彩度分,有鲜艳调、灰调等。

如按色性分,有冷调、暖调等。

由于不同的展示色彩,对于色调的调配和情调的表现有着举足轻重的作用,一定的色调能表现、抒发一定的情感、情绪与情调,并通过色彩的调和与对比达到营造气氛的目的(图4-8)。

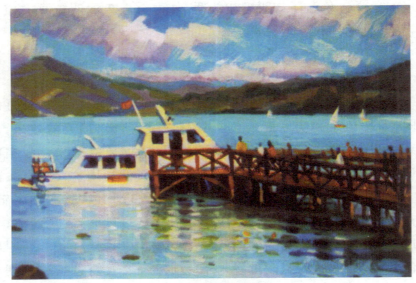

图4-8　色调的效果

不同色彩的调和主要由下列两种形式决定。

第一种调和色彩为由同一色、近似色组成的调和关系,系由同一色调的色彩调配而组成,如红色、黄色与咖啡色搭配,蓝色与绿色搭配等。由于它们之间的色相比较接近,因此,整个色调显得柔和、和谐。

第二种调和色彩为对比色组成的调和关系,即由色相相差得很远的色彩配合,如补色关系中的红与绿、黄与紫、蓝与橙即为三对补色调配而成。在色彩中,明色与暗色、冷色与暖色、清色与浊色可互为补色。与不同的补色配置在一起,会产生不同的色调与情感,而与不同的对比色相配合会产生不同的色调,举例如下。

软色调——用相近、相似色搭配而成的色调,如红与黄、蓝与绿、绿与黄,给人以柔和、亮丽的感觉,如图4-9所示。

图 4-9　软色调

硬色调——如对比强烈的红与绿、黄与蓝、蓝与橙搭配，会给人以强烈、夺目的感觉。

浊色调——以中等明度、中等彩度以上的色相相配，整个色调淡雅、清澈透明，如图 4-10 所示。

图 4-10　浊色调的运用

展示色彩设计就是首先要确定色彩基调，定色调后，就要利用色彩的物理性能及其对生理和心理的影响，充分发挥色彩的调节作用，产生预期的心理效应（图 4-11）。

图 4-11　展示色彩设计

　　如果在展示环境中,墙面、地面的面积较大,则其色彩可以作为展厅色彩环境的基调。墙面通常是展具、展板、展台、支架的直接背景,故展具和展台的色彩应与墙面、地面色彩相协调,这是展示色彩环境气氛创造中的一个核心课题(图 4-12)。

图 4-12　展厅色彩的协调

　　展示配色一般多采用同色调和与类似色调和,前者给人以亲切感,后者给人以融合感。在采用对比调和时,即以色相、明度、纯度三者相差较大和变化统一,易于给人以强烈的刺激感,以引起参观者的兴奋与注目(图 4-13)。

图 4-13 色彩对比的效果

会展设计中,为了突出展厅重点部位,强调其功能作用,引人注目,需要重点配色。此时的色彩在色相、明度和纯度方面应和背景有适当的差别,以起到装饰、注目、美化或警示的效果,如图 4-14 所示。

图 4-14 重点配色

(三)色彩的联想与运用

人们在长期的色彩艺术实践中,对色彩的感情与感觉做出了如下判定与陈述。

红——温暖、热、刺激。

黄——中性色,较平稳、安静。

绿——偏凉、冷、安静。

青蓝——较冷,有一定的刺激作用。

色彩普遍存在于客观物质世界中,并通过人的视觉被感受。深层次的感觉通过具体视觉感受,并由此产生一系列心理上的活动(图 4-15)。

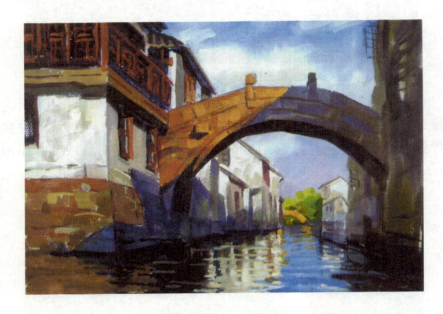

图 4-15　色彩的视觉感受

不同的色彩,给人以不同的联想,了解这些联想,对表现、渲染会展的主题内容是大有益处的,对展示版面中的色彩艺术处理也是很有帮助的。下面是一些色彩给人的联想。

红——火焰、太阳、喜悦、热烈、激情、活力、革命、恋情、积极向上、愤怒、反抗;反之,在不同的场合则可代表火警、灭火、危险、红灯等感觉。

图 4-16　冷暖色对比感觉

橙——阳刚之气、积极、热情、大方、乐观;反之,欺诈、嫉妒、险情等。

黄——快活、轻松愉快、希望、黄金、智慧、权威(古代皇帝专用色);反之,使人感到轻浮、病态。

绿——树丛、草木、青春活力、成长、健美、安静、安全;反之,使人感到有害,如霉变等。

青、蓝——海洋、辽阔天空、旷大、沉静、沉着、稳固、诚实、智慧与力量。

紫——高贵、高雅、神秘、气魄、壮丽。

黑——寂静、悲哀、恐怖、罪恶、深沉、死亡、绝望;反之,如黑色西装、礼服给人稳重、高贵的感觉。

白——纯洁、洁白、明亮、轻快;反之,给人以悲哀、恐怖、贫寒的感觉。

灰——中立、中庸、温和、调和;反之,灰色系列被视为高雅色调(图 4-17)。

图 4-17　灰色调视觉感觉

金色——富贵、忠诚、高雅、热情、喜庆。

银色——富有、纯洁、高雅。

在消费者长期积累的印象中，商品与展品由于属性不同，所显现的色彩形象也不尽相同。这些在色彩名称中也得到如下充分的反应。

以金属矿物命名的——银灰、金黄、青铜色、紫铜色、宝石蓝、钴蓝、铁锈红、铜绿色等。

以植物（或其制品）命名的——玫瑰红、豆沙色、茶色、咖啡色、草绿色、花青、橄榄绿等。

社会制度、传统文化与背景、民族欣赏习惯，甚至地理位置、气候的不同，不同的国家与民族对同一种色彩的联想、情感都会产生不同的，甚至是截然不同的感受。以上讲述的只是我们民族几千年来，在社会生活实践中长期形成的色彩情感与联想。

会展常用色彩，或称为它的形象色彩，往往由两方面的因素综合而定。第一，体现展品本身的属性、用途和本身色彩；第二，参观者对会展的色彩感受。会展色彩的倾向、色彩的形象，就是主要由这两者综合而定的。也只有在参观者的视觉感应中形成有效的反馈，并通过色彩形象迅速地识别、区别展品，色彩形象才能真正地在消费者中得到广泛的承认（图4-18）。举例如下。

图4-18　色彩形象效果

食品——营养、滋补，多用暖系色调，如橘红、橙色等。

化妆品——用于美容、护肤，常用素雅、中性色调，如淡紫、桃红色给人以优雅、清香、健美、滋润的感受。

服装——与流行色合拍，具有时代感，均采用高雅、鲜艳的色调。其中，女性大都采用亮丽、柔和、和谐的色调。

文具与玩具——青少年活泼好动，充满活力，色彩多用鲜艳、活泼的对比色。

药品——寓意健康、复原、活泼，则用暖色调，如浅红色、金红色、橙色。为了表示安全、安宁、健康之意，药物装潢的色彩也经常采用中性色调，如蓝灰色系列。

长期以来，人们在生活中形成了一个习惯性的概念，把一些色彩与某些展品、商品紧密地联系在一起，其中：

红色——表示滋补、营养、健身的药物。

黄与浅绿——消热解毒剂、消炎类药物。

绿与蓝——镇痛、安眠、镇静类药物。

由特定色彩组成的色调，还能给人以早晨或傍晚气氛的感受，唤起人们的感情共鸣，产生一定的艺术效果（图4-19）。

图 4-19　特定色效果

　　由于商品的习惯用色,除了人们对展品使用考虑与色彩感受外,色彩还体现了展品和商品本身的性能、用途及色彩倾向。因此,会展设计专家在设计时,就要求认真研究色彩的感情,从中找出符合展品属性的、恰当的色彩语言,使人们能迅速、正确地识别展品和商品(图 4-20)。

图 4-20　展品与色彩

由于年龄、性格的不同，或文化修养的差异，甚至个人的职业、经历不同，对色彩的喜爱也是千差万别的。同时，处在同一年龄层次、同性格、同职业或同等文化素养的人们，对于色彩的喜爱、使用习惯等又有着一些相同、相似之处，这也就是色彩的喜爱倾向。有些色彩，如绿色是树木、草丛的自然色，红色是花卉的色彩，这些色彩往往能受到各种年龄及不同层次受众的共同喜爱与偏好。当然，这只是倾向，而非结论，熟悉和了解这些倾向，对色彩在展示中对于不同宣传对象的运用，将是大有裨益的。例如，在乡村、不够发达的边远地区，往往喜爱色彩鲜艳的原色、纯色，色调运用也往往选择对比强烈的色彩；而文化教育程度水平较高的区域或地区，则对中间色、柔性色调比较偏爱。我们的会展设计，应根据上述不同群体的具体情况，做出不同的色彩设计、色彩艺术处理。色彩艺术还必须联系不同民族、不同国籍、不同地域、不同年龄层次，才能发挥它的作用。会展设计在配置色彩时，一般来说，总是有一个宣传对象为主体，如宣传男性用品的广告，就不能考虑女性的色彩与式样爱好；而宣传女性用品的广告，也不能考虑男性的因素，如图 4-21 所示。这样才能引起展示宣传的主要对象的注意，也只有这样，才能取得预期的展示效果。

不同的色彩组合，效果大不相同，有优劣之分。组合得好，可产生美感效应，组合得差，则会破坏画面的艺术效果。展示色彩艺术研究的一个重要内容，便是研究和运用色彩组合的客观规律，恰当而巧妙地进行色彩组合。五代后梁著名山水画家荆浩曾经指出过："红间黄，秋叶堕；红间绿，花簇簇；青间紫，不如死；粉间黄，胜春光。"古代民间的谚语也说道："红配黄，亮堂堂；红配紫，恶心死。"显然，不同的色彩组合给予我们生理上、心理上、感受上的影响是不同的（图 4-22）。

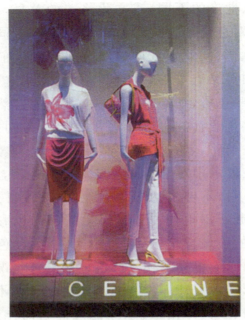

图 4-21　女性展品用色

图 4-22　不同色彩组合效果

　　调和色的组合效果,是比较柔和优美、统一协调的,它显得朴素、雅观。但由于它们之间具有较强的相似色彩因素,对比不强烈,容易产生同化作用,在面积相仿的情况下,两色的观感均较模糊,易造成平淡单调、缺乏精神和视觉冲击力。色阶过近的调和色之间,差异不大,就好比兄弟俩年岁相仿,不易辨认。色阶过远的调和色之间,差别较大,与调和色的意义又大相径庭。因此,在一般情况下,色阶过近或过远的调和色组合,是不宜采用的。

　　为了达到既调和又醒目的效果,一般采用小间隔的色阶进行组合。例如,将同种色从深到浅分成 8～10 个色阶,那么相隔 2～3 个色阶的两色组合效果就比较好,如图 4-23 所示。

图 4-23　相隔 2～3 个色阶的色彩组合

　　在展示设计中,常常会遇到比较复杂的配色情况,如处理不当,或因变化过多、主次不分,会使展示产生凌乱、烦琐、眩目等不良效果,毫无生气。在这样的情况下,可针对具体情况,采用一两种特性色作为展示设计的辅色,使琐碎的效果得以改观。特性色主要有黑、白、金、银、灰等。

　　在日常生活中,暖色系统给人以温暖、快活的感觉;冷色系列,给人以清凉、清静、寒冷之感觉。所谓寒暖感觉,也是比较、相对而言,并不是绝对的。即使在暖色中,红、黄、橙之间也有偏暖、偏冷的差别,如黄色偏冷、红色最暖、橙色居两者之间。同样,在蓝、绿、青的冷色系列里,绿色则稍偏暖,蓝、青两者偏冷。如将冷暖两色并列,给人的感受便是:冷色向内收缩,它有内向、柔和之倾向;而暖色,则有向外扩张、前移的感觉(图4-24)。

图 4-24　特性色的运用

　　色彩面积大小的变化组合、色彩面积对比运用得当,能使调和色的组合增加反差、增加对比,有时可使灰暗的色彩组合容光焕发,起到"化腐朽为神奇"的作用,变化为极和谐的色彩关系。"万绿丛中一点红",一直使色彩专家赞叹不已,并被广泛运用在各种艺术领域、各种实用美术与展示设计中。鲜艳的红花处在大面积绿色的包围衬托之中,更显娇艳、艳丽,这就使色彩的面积之比起到了很好的衬托作用,如图 4-25 所示。

图 4-25　色彩面积之比效果

　　旅美著名画家丁绍光先生的岭南重彩画派的作品,色彩缤纷、艳丽,颇具跳跃性、刺激性。在画作中,丁绍光先生大量运用金、银色来勾轮廓、勾边线,或作纹饰,由于金、银、黑、白色在光度方面的特性,在色彩组合中便常常担当"调和者"角色。因此,使五彩缤纷的画面显得艳而不乱、丽而不俗,其中特性色起到了很好的调和作用,这对展示设计也是个很好的启示。

　　调和色的组合,在面积相差悬殊时,呈现小面积色彩向大面积色彩的相反方向的变化,色相、明度、纯度、色性上都是如此。这种变化的结果,是调和中的不平衡,使组合效果既统一和谐又富于变化。在调和色中,两色的面积相仿时,各色的相互渗透性也不强,仍显调和状态。

　　色彩的面积对比,在调和色、对比色中均可应用,也是展示设计中色彩运用得好与否的手段之一,运用得好,可起到事半功倍的作用(图 4-26)。

图 4-26　色彩面积之比成功的效果

不同色彩组合的注意事项如下。

间色与原色相结合时,较两原色组合相对比较调和,其中原色明度明显高于间色者,组合效果尤佳。例如,红与紫,红的明度显著高于紫的,两者组合呈现主与次,效果比较明显。在红与紫的组合中,若适当提高红色的明度,则可达到更加完美的境界。若以青与紫组合,则效果就不及红与黄了(图 4-27)。

图 4-27　青与紫的组合

多种色彩组合,应以其中一色为主,其余为辅;或以一主色调为主,对比色为辅。其宗旨是必须主次分明,统一在某一个色调中,色彩切忌五颜六色、凌乱、无章可循(图4-28)。

图4-28 色彩组合

特性色与各色组合时,应拉大特性色与其他色彩之间明度的差别,明度太接近时,展示设计会呈现灰暗、暮气。

展示设计作品中的绚丽多彩的色彩关系,都是从大自然深厚的色彩土壤里萌生出来的,没有这个基础,会展设计就成了无源之水、无本之木。展示设计色彩就是汲取了自然色彩的营养,在它的基础上绽开了鲜艳之花(图4-29)。

图4-29 自然色彩

　　五彩缤纷的形象色还因国家、地区、民族不同而有区别,在外贸与会展设计、展品设计上尤其要注意。同一色彩,在某些地区、国家极受欢迎、喜爱,而到另一些国家或地区,却可能正是厌恶或禁忌的色彩(图 4-30)。

图 4-30　色彩因国家而异

　　喜爱绿色的国家和地区较多,如爱尔兰、意大利、奥地利、巴基斯坦、土耳其、埃及、叙利亚,以及信奉伊斯兰教的许多国家及我国港澳地区都喜爱绿色。保加利亚只爱较沉着的绿色,而禁忌鲜明的绿色。法国、比利时又忌用墨绿色,因为这是德国纳粹的军人服色。又如,黑色则为西班牙人所喜爱,瑞士却禁忌它;荷兰、瑞士、叙利亚、伊拉克、挪威等国家对蓝色情有独钟,但却为埃及禁忌。再如黄色,瑞典把它与蓝色配合作为国家色,瑞士也喜爱它,在委内瑞拉则是医务的标志;而伊斯兰教地区却禁忌黄色,它们把黄色视为死亡的象征,巴基斯坦人就厌恶黄色。在外贸展示设计中,只有投其所好、避其所恶才能促进贸易,取得展示的收效。

图 4-31　红色在展示中运用

第二节　会展照明设计

一、会展照明设计的功能与意义

（一）会展照明设计的功能

基础照明功能能使人们有一个方便、舒适的照明环境，是对商业展示空间内照明环境的全面要求。

除了满足商业展示空间内对物品的一般照明要求外，还要保证对展区内公共空间、过渡空间、工作和服务空间的基本照明。

（二）会展空间照明的意义

在现代照明设计中，为了满足人们逐渐提高的审美要求，还要致力于利用光的表现力对室内空间或特定场所进行艺术加工，以增加空间或物体的表现力，其主要意义如下。

1. 丰富空间内容

照明设计中运用人工照明可以使现代生活的空间环境更加丰富。

2. 强化空间性格

照明的艺术化处理,对空间性格起着画龙点睛、锦上添花的作用,使室内空间体现出各种气氛和情趣。反映着建筑物的风格以及空间的特点,突出强化了空间的功能作用或者精神内涵。

艺术照明,包括灯具自身的造型、质感以及灯具的排列组合等对空间起着点缀或强化空间艺术效果的作用。优秀的艺术照明设计的灯具选择与空间的功能、形状以及其他装饰手法相协调,可达到更为有效的空间整体艺术效果,能在人工照明中更好地体现光的表现力,使艺术照明与空间特点、装饰装修风格相得益彰,强化空间性格。

3. 渲染空间气氛

灯具不仅起到保护光源、合理分配光通量的作用,而且也是空间中非常重要的装饰装修构件。灯具的造型和灯光的色彩可以渲染空间环境的气氛,而且效果也非常明显。如一盏盏水晶吊灯可以使门厅、客厅显得富丽堂皇;舞厅内旋转变换的灯光会使空间显得扑朔迷离,富有神秘色彩;一排排整齐的荧光灯可以使教室、办公室显得简洁大方;而外部简练的新型灯具可使人们体验到科学技术的进步,让人感到新颖明快。

总之,照明设计中,合适的灯具造型和相宜的光源色彩是形成特定空间气氛的重要手段。

二、会展照明设计与运用

（一）光源的基础知识

在灯光设计中，光照设计一般可归纳为三种：顶光、侧光、顶侧光。顶光是展示厅中的基础光源，它主要用来普照展厅、提高展厅的明亮度，大多安装在展厅顶端，光线要求均匀、照度高。侧光往往以展厅四周的墙壁为支点，又称侧墙光，侧光是对顶光的一种辅助。侧光安装要注意避免产生眩光现象，以免刺激观众眼睛。侧光除有高低之分，还可以根据展厅原有采光条件以及展示内容，而分别采用单侧光、双侧光等形式。顶侧光是顶光与侧光两种方式的综合采光方式，它的优点是光线成 45°角度射向展厅，造成眩光的可能性不大。顶侧光也有单侧、双侧等多种形式可供选用（图 4-32）。会展设计中，有天然光源、人工光源、综合光源三种光源可供选择。天然光源可获得比较理想的光色和亮度，还能大大降低能源消耗和节省费用，但有时受展览场地的限制，仅仅采用天然光源的比较少。尤其遇到阴雨天，光照会受到影响，从而影响展出效果。因此，一般展出往往以人工光源或综合光源为主。

图 4-32　顶灯的合理运用

会展灯光与照明设计中,一些照明的基本术语,必须熟知。

Im(流明)——光通量单位,指单位时间内通过一定面积的光量。

Lx(勒克斯)即 Im/m^2——单位面积所接受到的光通量。

15W 白炽灯＝100Im

15W 荧光灯＝500Im

25W 白炽灯＝198Im

30W 荧光灯＝1 200Im

100W 白炽灯＝1 050Im

会展灯光设计中,经常用到的照明器有白炽灯、卤素灯、碘钨灯、霓虹灯、荧光灯等种类。白炽灯依靠热能的辐射来发光,卤素灯靠气体放电发光,荧光灯则以荧光粉受电而发光。

(二)会展照明的种类及人工照明的要求

在会展与展示照明中,主要种类有下列三种形式:基础照明、局部照明和装饰照明。

会展基础照明的特点是光线均匀而漫射,照度不是很强,属间接性光源。灯光设计时,应注意创造、营造出一定的风格,明暗程度要适当(图 4-33)。

图 4-33　基础照明的运用

会展局部照明是为了突出展品,突出重点商品,其亮度往往是一般照明灯的 3～5 倍。强烈定向光能突出展品的立体感和质感,以引起参观者的注目与驻足观看(图 4-34)。

图 4-34　局部照明的运用

会展装饰照明主要的功能是营造出特定的气氛,设计时要注意与整个展厅的布置、色调相协调。

照明器形式有吸顶灯、吊灯、射灯、镶嵌灯、壁灯等(图 4-35)。

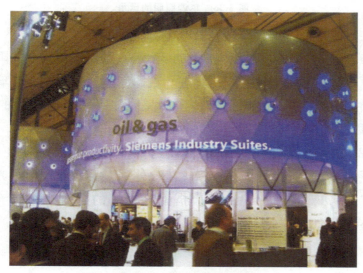

图 4-35　壁灯照明的运用

　　会展中展览厅的灯光设计，要从展览的主题出发，先把整个展厅灯光大的色调定下来（图 4-36）。暖色调的光照会使人感到温馨、亲切、热情、向上；冷色调光照使人冷静、凉爽、轻快，有时会有一种神秘感，用在科技含量高的展示场合比较合适。

图 4-36　色调照明的运用

　　在用人工照明时，应注意以下事项。

　　（1）展厅内应尽量避免光线直射观众和产生眩光，应限制光源亮度或以加挡遮光板措施来避免光线直射。在采用玻璃柜布置展品时，应尽可能地做到使柜内展品照度高于一般照度的 20％以上，以防止玻璃产生的镜像。

　　（2）展示中，应根据展览的性质与展品的类别选用人工光源，并注意灯具的特性色、发光效率、含紫外线量以及布光、投光形式等的综合考虑。在设计中，还应搭配有足够的导轨灯来补充照度或调整展厅气氛，如图 4-37 所示。

图 4-37　导轨照明的运用

（3）会展中应保证一定的光线照度与亮度，以减少视疲劳，使观众正确地辨别展品的颜色和清楚地观看细部。展品表面照度一般应在 200～2 000Lx 之间，光敏性的展品表面照度≤120Lx。不仅主要展品部位的照度要均匀，还要防止展品的光和投影相互影响，而干扰观众观看的视线。因此，展品表面照度与展厅一般照度之比不宜小于 3：1，展厅照度与展厅环境照度之比不宜小于2：1（图 4-38）。

图 4-38　亮度的选择

在布展时还应注意，一般大厅入口照明为 100～300Lx，一般陈列品、展品的照明则需要 300～500Lx，重点的陈列品、展品则需要 700～1 000Lx，最引人注目、最需要突出的展品、展览的"重头戏"部分，照明可达到 2 000Lx（图 4-39）。

图 4-39　布展中照明的选择

会展中不同的展品，由于其材质的差异，吸收与反射光照情况也不一样，首饰展品、皮革制品一般照明需要达到 300～1 000Lx，美术作品需要 300～500Lx，杂品、食品、书籍花卉等的照明一般为 200～500Lx。同样的展品，还需要根据其在展览中的主、次地位来适当调整光照度的明与暗（图 4-40）。

图 4-40　灯光明度的选择

　　展厅里灯具方向的排列与组合,有时与光的亮度也有密切的关系。尤其像荧光灯,由于本身灯管比较长,因此灯管的排列、走向,对展厅光照度同样会产生不同的效果(图 4-41)。

图 4-41　灯具方向的组合效应

(三)会展灯光照明的运用及方法

　　会展灯光照明主要有三种方法:重点、局部区域与均匀照明。

　　会展重点照明产生各种聚焦点以及明与暗的有节奏的效果,可以缓解普通照明的单调性,突出会展展览主要部分及特色或强调某种展示的艺术品。重点照明是会展灯光设计中必须进行重点考虑与构思的,它是一台"戏"中的"主角",如图 4-42 所示。

图 4-42　重点照明效果

　　会展局部区域照明或重点照明是为满足某种环境亮度要求，而照亮空间的一块特定区域。其特点是光源应安放在展品附近，效率较高。通常都是用直射式的发光体，在亮度上和方位上都是可调节的（带调光器或变阻器的光源）（图 4-43）。

图 4-43　局部照明效果

　　会展均匀式照明是以一种均匀的方式去照亮空间，其分散性可有效地降低工作面上的照明与室内环境表面照明之间的对比度。均匀照明还可以用来减弱阴影，使墙的转角变得更柔和、舒展。多数室内展览都采用这类照明形式，其特点是灯具悬挂较高（图 4-44）。

图 4-44　均匀照明效果

　　会展灯光照明要注意灯光的质量。所谓照明质量,是指光照技术方面有无眩光和眩目现象,照度均匀性、光谱成分及阴影问题。当在人的视野中发光表面亮度很大时,便会降低视度,在视觉上这种现象就称为眩光,它会使眼睛不舒服。眩光是发光表面的特性,而眩目是眼睛的生理反应。眩光取决于光源在视线方向的亮度,因此与光源在视野中的位置有关(图 4-45)。

图 4-45　眩光的避免

　　会展的展品面上光照的程度应满足一定的均匀性。如果视线中各点照度相差悬殊,瞳孔就经常改变大小以适应各种环境,这就容易产生视觉疲劳。因此,光源布置应力求使光照在展品上保持均匀性,同时整个展厅也要求一定的均匀度,环境照度应不低于工作面应有照度的 10%。在保证光照充足的情况下,不同色泽深浅的物体还会产生不同程度的反射光。

　　在常态下,白炽灯光谱与日光和白光相差很大。在白炽灯下,不能正确地区分颜色的色调,因此光源的光谱成分对识别物体颜色的真实性影响很大。如果是严格要求区分颜色的展厅,不宜选用白炽灯照明,改进方法是加色片或直接采用改进后相应的其他光源来照明,因为光线方向对视觉质量也有很大影响。光线方向不当,会使展品上产生暗影或产生反射眩光,这都是在设计和布展时应该避免的。

正常且良好的光照质量，应保证被照展品有足够的照度，并且展品光照分布均匀应表现在被照展品上没有强烈的阴影或投影，使观众在观赏时有一种舒适感（图4-46）。

图4-46 良好的光照

会展照明设计程序应包括以下内容。

（1）根据展示的主题内容，正确选择展示照明的气氛、色调、色彩，以及照明设施的使用目的和使用计划，由此决定展示照明的方式。

（2）在展示照明设计示意图中，确定展示照明设施的位置及功能，标明色彩、照明的范围。

（3）确定展示空间的光环境构思与创意，以及光的明度或亮度。

（4）选择与色调气氛相关的展示光源与照明器具（图4-47）。

图 4-47　照明器具的选择

（5）确定照明器具的布置方案，包括器具设置角度、距离、方位等。

（6）对整个展示环境进行电气设计，包括电压、光照装置等，并绘制电气位置及线路图。

展示区的灯光照明可分为基本照明、重点照明两类。

展示区照明的基本原则是受光要均匀，就是要求光线分布均匀，并能照亮展区的各个角落。基本照明是不可缺少的照明形式，灯光亮度要适中，既不能显得暗淡，也不要过亮。在完成均匀照明布光之后，应对重点展区、重点展品予以重点和特殊照明，以突出主要部分。

会展中局部重点布光照明，其目的是突出重点，吸引观众驻足观望，并加深局部印象（图 4-48）。局部照明能使展示布光环境主次分明，令人精神振奋，增强注意力。一般情况下，使用聚光灯、冷光灯和泛光灯对展品和版面、标志等进行局部照明。须注意的是，不同的展品应该用不同色调与色彩灯光来进行照明。如果是珠宝首饰展，要选择高档的冷光灯集中照明，这样能把参观者的目光吸引到精美的展品中来，把参观者的目光锁定在精美的展品上；如果是服装类展品，就选用光线分布均匀的灯光进行照明，基本原则是展品要均匀照明，因为在漫射均匀的展品上，能更加突出服装类展品的鲜明个性。

图 4-48 突出重点的照明

　　通过不同灯具、不同色彩光线从不同角度的照射,可营造出展厅的不同气氛。白炽灯、荧光灯、水银灯等具有不同的性能和特点,熟悉、掌握、充分利用这些灯的性能、特点,可更好地为展览服务。

　　展示中,暖色调的灯光可产生有生机的愉快感,其特征是温馨、轻松、温暖、亲切或华丽感,具有年轻、新鲜的气氛;明亮的灯光又有爽快的整洁感,其特征是营造朴素、明快、人情的、健康的、近代的、冷静的气氛等(图 4-49)。

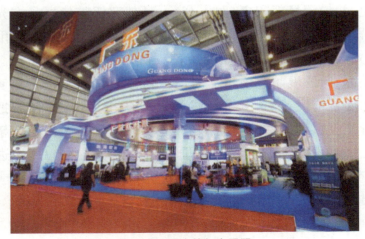

图 4-49 明亮的灯光照明

展示中,柔和的灯光可产生安定的平静感,其特征是营造浪漫的、优雅的、细腻的、安详的、高级的、清秀的、古典的、传统的、高品位与高格调等氛围(图 4-50)。

图 4-50　柔和的灯光照明

蓝紫色灯光可产生戏剧性的幻想感,其特征是营造神秘的、超现实的、幻想的、意外的、未来的、惊险与不安的、美妙的、异国情调等氛围(图 4-51)。

图 4-51　蓝紫色的灯光照明

霓虹灯由于制作方便、色彩艳丽,在展示中常被用来点缀公司名、产品品牌名称或地区国家名称,其效果醒目突出,如图 4-52、图 4-53 所示。

图 4-52　霓虹灯照明(一)

图 4-53　霓虹灯照明(二)

闪烁的灯珠被串联起来可组成各种造型,能活跃展厅气氛,又富有穿透及透明感,如图 4-54 所示。

图 4-54　穿透灯照明效果

　　在会展中,常常可看到一些展厅的空间利用舞台美术灯光的变幻来渲染现场展示效果,因为舞台美术灯光具有灵活多变、色彩丰富的特点,能使场内气氛显得热烈而又富有神秘感。因此,灵活利用展台照明也是展台整体设计不可或缺的一个部分。

　　展厅的色彩,首先应考虑主题内容及如何突出陈列品,并为观众营造一个和谐、温馨、舒适的环境。分布的展厅的色彩,要求统一而不单调、变化而不凌乱、明快而不媚俗、沉着而不郁闷。通常在以自然光或自然光与人工光相结合的展厅内,室内顶棚天花板及天顶棚以白色为好,墙面多以淡绿、淡黄、淡青、淡灰、淡紫等中性色较为适宜。因为这些色彩对室内的光线吸收率和影响很小,能很好地散射出反射光线,增加室内的亮度,同时有利于展品的衬托并易统一成一个总体的和谐色调。展厅的地面,以深沉的色彩最为理想,室内空间的色彩由地面、墙面到天花板一般应是从深到浅,这样色彩的对照才有立体感;反之,就会产生头重脚轻的感觉,给人以不舒服的压抑感(图 4-55)。

图 4-55　展厅的色彩

　　展厅中，展出的主体受光要比背景更明亮、更鲜艳，主体和背景的色彩明度与纯度不能太接近。如果两者的对比很弱，就会造成主体与背景模糊不清，从而影响观赏效果。

　　主体亮、背景灰暗，有这样的对比，才能互相衬托，使主体效果突出；反之，容易造成主体与背景混乱融合。背景的衬布与色彩选择，根据各类展品的色彩，固有色彩可以通过不同色彩灯光的照射使之成为暖而亮、冷而暗的感觉；也可以根据设计者的意图来控制展品的主次和色彩的变化，形成富丽、庄严、典雅、朴素等情调，在观众的心理上产生良好、优雅的印象，打动观众的情感。

　　在展览会、博览会中的色彩宜稍为鲜艳一点，饱和的暖色比冷色调更温馨、更宜人。它们的背景色彩，使用几个近似而有色相变化的光色形成色彩的节奏，陈列的背景衬布与灯光色彩注重统一而有变化，既丰富多变又整体统一，能减少因色彩照射带给观众的疲劳感（图 4-56）。

图 4-56　雅致的灯光照明

　　对于不同的展品光照形式应有不同的要求,其目的主要是为了显示展品本来的颜色与形象。对模特人物及平面类展品布光时,要使光线均匀、柔和,以漫射光、面光源为最佳(图 4-57);立体型展品,则要求光照与展品之间以一定角度投射,并有射光方向选择的要求,以直射光、点光源为好;对透明性展品,则以透射光来表现其透明性。

图 4-57　模特灯光照明

　　不同的光色,照射在不同色泽物体(展品)的表面,会对物体(展品)的固有色造成一定的影响,了解这些关系,在布展、布光时就可避免不良效果的产生。

　　展厅中,除了可在展品及背景上进行灯光变幻,有时还可以大胆地在地面上铺上各种造型的透光厚质玻璃,各种色彩的光源从地板下向上照射上来,形成富丽堂皇的艺术效果,如图 4-58 所示。

图 4-58　地面反光照明

第三节　背景音乐设计

一、会展背景音乐的概念及功能

(一)背景音乐概念

背景音乐,又称为"环境音乐",是指与主体的意识行为无直接关系,通过非音乐鉴赏环境这一媒介间接地作用于主体意识行为的音乐。

(二)背景音乐功能

1.丰富空间

会展背景音乐可增加会展空间的多维性。不仅是视觉流动的过程,也是听觉接受的过程。

2.调节参观者情绪

好的背景音乐,可改善展览空间的质量。如观看美术展览时,轻柔舒缓的节奏,悠扬悦耳的旋律,可令参观者情绪平和、舒畅,并集中精力观看作品。

3.营造与烘托气氛

不同的展览需要不同的气氛,背景音乐能给参观者相应情绪的感染,对启发参观者理解展览主题和内容、提高参观兴趣很有益处。

二、会展背景音乐的选择

(一)会展背景音乐的选择

科学地选择会展背景音乐,有利于促进展览的顺利进行,强化展览的主题表达,渲染场馆气氛、增强展览效果。选择合适的背景音乐总的原则是,所选择的背景音乐不能喧宾夺主,要以展览为主体,根据主题内容选择适合展出的背景音乐,使背景音乐给人以美的享受,让人们在参与展览活动的同时,其精神世界也参与其中,全身心地投入活动中去,为展览这个主体活动服务。背景音乐的意蕴要与展览的主题相适应。

1. 历史文物展览

一个国家或地区在经历了一个漫长的发展历史后,所陈列出的历史文物往往浓缩了这个国家或地区的历史文化积淀。因此,展示的实物内容往往体现出该国家或地区某些历史发展过程或重大历史事件。在选择背景音乐时,应选择悲壮、严肃、庄严的曲调,以烘托氛围,让人们沉浸在对那一历史时期的回顾,追溯那个时期的历史轨迹,思考历史积淀下来的精髓,并能由此产生一种跨越历史长河的神圣情感体验。庄严的旋律能赋予人庄严的思想情感和神圣的责任感。

2. 自然科学展览

自然科学揭示了自然和生命发展的奥秘,这类展览的展品有图文和标本,也有文物和化石。这类展览往往给人们想象的空间,选择背景音乐时,应选择那些有模仿自然音色的音乐。例如,选择鸟叫声、风雨雷电、动植物的声响等,其节奏轻快,可让人们想到鸟语花香、生生不息的大自然的美妙。

3. 艺术品展览

艺术品展览是文化性展览中最主要的内容。一些陈列的艺术品是该国家或地区的艺术珍品,也是人类的宝贵财富。艺术展览所展示的内容大多是绘画、雕塑、手工艺品、设计作品等。在选择背景音乐时,要选择高雅、富有情趣的轻音乐,为展示空间营造轻松的氛围。

4. 商业会展

商业会展是目前数量最多的展览会,大多是企业或商家为了宣传产品、宣传企业形象、推介新的技术等而组织的。因此,在选择背景音乐时,要根据展览活动的主题内容来确定比较切合场景的背景音乐。

（二）背景音乐设计应注意的问题

1.避免出现噪声

音响装置不宜过多,一个展厅里不同内容音响的过多设置会产生相互干扰而形成噪声。

2.选择适合的乐曲

不要用音乐去压制喧闹声。尽量避免播放声乐或戏剧片断,也最好不要在音乐中播放展品介绍等方面的内容。在一些艺术性、欣赏性的展览上,尽量用轻音乐和适度的音量。在选用乐曲时,要考虑乐曲与展览会的内容、性质相吻合。例如,文物展可选用古筝曲、古琴曲,西洋展可选用钢琴、萨克斯管等演奏的乐曲。

3.画龙点睛作用

美妙的声音会诱使人们闻声而动,使会展活动收到意想不到的效果。

第四节　会展绿化设计

一、绿化设计功能

绿化设计除了具有突出的装饰功能外,还有以下几方面的功能。

（一）改善视觉质量

绿色具有调节或改善人们的视觉生理和视觉心理的功能,将其设置在会展场所里,可以使人赏心悦目、缓解疲劳、放松情绪、怡情养性。

（二）净化室内空气

绿色植物本身具有过滤作用，植物的茎叶可吸附灰尘，能有效控制尘土飞扬，减少空气中的污染；植物的净化空气功能，可调节空气中的二氧化碳和氧气的比例，使空气保持清新，更好地满足人们观展的需求。

（三）观赏价值

花草树木大多都具有很好的观赏价值，宜配合其他展示要素形成视觉景观，给人以亲切感和美感，提高展示空间的艺术气氛。

（四）活化空间

用高低错落、聚散有致的植物分割空间，可使空间增加灵性。这种分割方式限定性低，空间界面模糊，能产生隔而不断、流动性强、层次丰富、意境深邃的效果。

二、绿化设计手法及植物运用

（一）绿化设计手法

1. 规则式种植设计

规则式种植主要有带状形、方形、圆形或其他几何形。每一种植物要大小统一，按照图案单元进行反复组合。组合方式主要有孤植、对植、群植等。

2. 自然式种植设计

自然式种植设计是指模仿自然界的植物生长规律来设计。

（二）绿化设计中植物的运用

1. 树木的运用

大型博览会或展览中心的建设，少不了移植大型树木。施工时,应尊重树木的生命,移植时应格外小心。

图 4-59　会展乔木

2.观赏植物的运用

观赏植物在这里专指除乔木之外的观赏植物。成功的绿化设计能对展览结构的主要形式加以补充。

图 4-60　绿植设计

第五节　会展装饰设计

一、装饰物设计

装饰物是展示中不可或缺的组成部分。它有烘托展品、说明主题、营造气氛、吸引参观者注意力的作用,通过装饰物可使展示更富想象力和艺术魅力。当然,装饰物的设置要注意与展示的主题和展品的特性相对应,要避免毫无关联地滥用或乱用的倾向。

装饰物的形式种类很多,可以是平面的,如图案、装饰画(各种题材、材料工艺及表现手法)、拍摄的照片、编织的地毯、漆制的屏风以及题花、尾花、标志、文字、图形、符号、广告牌等;也可以是立体的,如以人、动物、抽象形体为内容的各种圆雕、浮雕、透雕,以及气球、吉祥物、玩偶、旗杆旗帜、喷泉水池、立体招牌、灯箱广告、光导纤维花饰、花槽花篮、墙上的壁挂、折纸、风筝、充气立体造型、玩具、陶艺、软雕塑等。

在橱窗或购物环境等展示中,以装饰物来表现主题、营造气氛十分有效。如突出节日主题,可用气球、灯笼、彩带、花束、花瓶、花架、礼物、彩灯等装饰物来表现;突出季节主题,可用树枝、鲜花、谷穗、麦穗、玉米棒、枯草、枫叶、莲花、翠竹等来表现;绅士服装展示时,可用老式皮箱、手杖、精装书籍、墨镜、望远镜、烟斗等来装饰;儿童服装展示时,可用卡通形象、长毛绒动物、童话人物形象、玩具等来装饰。这样比单纯展示商品更具魅力、更能吸引人。

二、装饰材料设计

展示的装饰材料无不体现在展示空间界面、展具以及外表的粘贴、描绘、喷涂和照明等方面。会展空间视觉形象的形成,信息的传播,美感的产生均离不开材料的使用。同时,材料又是体现时代风尚,决定施工效力,取得展示效果的重要方面。所以,对装饰材料的开发和应用,也是会展实施中的关键环节。

常用的传统装饰材料有以下几种类别。

(一)板型材料类

板型材料包括三合板、五合板、多层板、纤维板、刨花板、塑料贴面板、贴面防火板、各种塑料板(聚氯乙烯、聚氨酯、钙塑板、铝塑板等)、各种有机玻璃板(白色、透明、珠光、镜面、彩纹等)、薄木板、石膏板、石棉板、苯板、平板玻璃、纸板、新型的透光板、复合板和金属板(铝板、不锈钢板、钢板等)等。

(二)复面材料类

复面材料包括牛皮纸、卡纸、瓦楞纸、花纹纸、刚古纸、激光纸、渐变色纸、过胶墙砖纸、双面白纸、泡沫胶纸、黏土纸、墙纸、植绒纸、即时贴纸以及皮革、人造革、尼龙布、塑料布、丝绸、纱布、纱网等。

(三)线型材料类

线材包括竹竿、藤条、钢管、铜管、不锈钢管、铝管、钢筋、铅丝等。

(四)铺地材料类

铺地材料包括地毯、地板革、麻胶板、大理石板、花岗石板、通体砖、玻璃砖、木地板、复合地板、预制水磨石板等。

除此之外,装饰材料还包括各种涂料、各种胶黏剂以及各种照明设备等。

随着科技的进步,各种现代新型材料也被广泛运用于会展的装饰中。使用光导纤维,可制成花饰、花盆和立体造型物,或做成条形、线形装饰。利用镀膜玻璃,可创造出富有变幻感的"魔厅"空间;运用激光技术,在展厅中或夜幕上,打出平面的或映射出色彩艳丽、丰富的立体图像;运用液晶技术显示文字、图形,不仅效果比用一般手法更突出、更吸引人,同时也具有非常好的装饰效果。

　　另外,在装饰手段和设施上也越来越先进和便利,如采用电脑刻字、激光植字、丝网印刷、活字转印、彩色喷涂等新的制作工艺,一改过去手工刻字、人工喷涂等烦琐工序,大大提高了工作效率,缩短了施工周期,并使施工、制作质量更加精美化、标准化、规范化,装饰效果也变得更为突出。

第五章　会展专项设计实践

第一节　会展陈列设计

一、会展陈列设计概念及原则

（一）会展陈列设计概念

陈列在《辞海》中解释为：陈设或摆设，同时也泛指陈设、摆设的东西。英文为"display"，有展示、表露、显示等意。

（二）陈列设计的原则

1. 以人为本原则

在陈列设计中应注意人体尺寸与陈列高度的匹配，同时考虑人的视觉特征、行为习惯、心理尺度等。不同的展品陈列的方式要适合人的需求、吸引人的视线，以达到"最大信息传送"和"最小视觉障碍"的对比需要，并根据人的视觉与心理特征，从各方面进行视觉美的研究，以实现传送展品的最大信息，如图 5-1 所示。

2. 整体性原则

会展陈列设计中应注意整个展示主题、产品风格、空间特点，运用符合主题风格的道具，选择适当的陈列方法，突出展品、展项，烘托主题气氛。陈设设计就像是"导演"，道具是"演员"，会展空间是"舞台"。陈设设计按照会展主题这个"剧本"布置道具,在空间舞台上进行演出。演员、舞美都要符合剧本的需求。

图 5-1　以人为本的展柜

例如,服饰展示可以突出服饰特征、元素、色彩,确定出以服饰为主题的陈列展品。休闲品牌服装展示可以关注休闲、轻松、舒适的性质,如图 5-2 所示。

图 5-2　体现休闲主题的道具

儿童产品侧重于可爱、童趣、娱乐等特质。体现童趣主题的道具,充分运用展示环境因素,通过光照、色彩、展示、空间位置实现体现童真的展示效果,吸引儿童的注意,唤起成年人的童年记忆。

图 5-3　体现童趣主题的道具

3.突出展品原则

陈列设计的目的就是运用各种手法在展示环境中突出展品、展项,把具有促进销售机能的展品、展项放在显而易见的、适当的位置上,以创造更多的销售机会。

根据展品、展项的特点,将其放置在适合的高度上,既要引起参观者的注意,又不能太高,以免影响观看。整个会展空间中,突出陈列不宜过多,也不宜在狭小的通道内做突出陈列,以免影响通道顺畅,如图 5-4 所示。

图 5-4　突出展品的展台

4. 安全性原则

陈列设计要考虑吸引力,也要考虑展品、展项的安全性,不能给参观者的参观活动带来危险,还要有效地保护展品、展项安全展出。大型陈设要稳定牢固,小型展品要不易散落,吊挂展品的悬吊紧固件要结实,不能给参观者造成危险,不能阻塞人流疏散通道。

二、会展陈列设计方法

展示陈列设计按其陈列的区位分,有中心陈列、散点陈列、线型陈列、地面陈列、壁面陈列、柱面陈列、空间陈列等几种方法。

(一)中心陈列法

中心陈列法是将重要的并且需要突出的实物、模型和广告牌等放置于展位的中心区域,其他展品按类别组合放置在四周的靠墙位置,通过道具、照明、声光电的配合,使主要展品成为视觉中心。这种陈列法有利于突出展示主题和展品,做到主次分明。

(二)散点陈列法

散点陈列法是由多个或数个独立展台构成,采用特定的排列形式(如重复、渐变、对比等),形成大小相间、排列有序的平面空间,给人以轻松活泼的节奏感。散点陈列法实际上是中心陈列法的延展。

(三)线型陈列法

线型陈列法是根据展示内容和展品的特点,按照空间布局和观众线路,采用分区、分段、分块和分组的方法布置展品。这种陈列法可以利用展厅原有的隔断,或增设隔断,也可以用展台、展架、展柜、展板、花草等设计,或布置成线型排列,或将展品分成若干个单元展示。

（四）地面陈列法

地面陈列法是利用地面和低台进行展品陈列。这种陈列法是将展品摆放于地面或低台上,利用各种模型、模特、道具支架等作为辅助道具,使展品呈现出丰满的立体感和丰富的层次感,观众可以近距离参观和参与展示活动,较适合大型、重型展品的陈列。

地面陈列是会展空间最常用的展示方式之一,参观者俯视观看展品、展项,可以充分观察、详细了解,甚至还可以亲自尝试,进行互动。展柜、展台可以设计成多种高度,进行空间上的落差设计,更好地突出展品,通过展柜和展台的不同组合方式达到更加丰富的展示效果,如图 5-5 所示。

图 5-5　地面陈列

（五）空间陈列法

1.立面陈列

立面陈列是指在展墙、展壁上用钉、贴、挂的方式进行布展设计,主要是展出薄的、小的、平的或文字类介绍展品、展板等。高度要在参观者视觉范围之内,辅助相应的灯光设计,注意避免引起视觉疲劳。

　　色彩要注意与周围环境的协调,避免眩光。一般会展空间的立面大多起到分隔空间、引导流通通道的作用。利用参观者必经的立面展壁,对于有限的会展空间,既节约了空间面积,又能起到突出展品的作用,起到了良好的展示效果,如图5-6所示。

图5-6　立面陈列

　　2.顶面陈列

　　会展空间的顶面由于位置比较高,不符合人们观看的正常高度,一般很少进行展品、展项的陈设,更多地进行会展空间装饰,丰富陈列层次、渲染展厅气氛。如果将展品悬挂到符合人们观看需求的高度,要尽量避免将其放置在人流通道的上方,以免形成流动阻碍,如图5-7所示。

图5-7　顶面陈列

三、展品组合形式

展示陈列设计的展品组合有多种形式，包括专题式、特写式、场景式、系列式、节日与季节式、综合式等。

（一）专题式陈列

专题式陈列是以某种与展品有关的专题为主题，选择互相独立而又相互联系的展品进行陈列布置，将一个具有丰富内涵的整体面貌呈现在观众面前。陈列的内容既可以是展品实物，也可以是与展品相关的文图等资料。这类陈列的专题可以是从产品本身的特点来考虑，如妇女用品专题陈列、床上用品专题陈列等，或是有关展品性能、使用方法及保养知识的文字介绍，也可以是围绕着科技、环保、教育、城市建设与规划等主题开展综合性的活动等。

会展空间基本上都是有针对性的，对某个专题项目、特定行业产品或企业进行展示。展示内容有针对性，因此陈列的方式、风格也要符合整体的主题。例如，服装展示、家电展示、软件展示、设备展示、图书展示等，不同的主题，以及企业、产品的不同风格都是陈设设计的影响因素。如图 5-8 所示，金饰展位设计成金砖做成的围墙的样子，突出了金饰的主题。

图 5-8　主题陈列

专题式陈列的优点是可以通过专门的主题,将各种不同的产品联结起来,成为有逻辑性和系统性的整体,其展示效果集中,容易吸引目标观众,给人以完整、全面的视觉形象。

(二)特写式陈列

特写式陈列是为了突出和强调展品的某种性质、特征,把商标、小件展品或展品的某一特别部位和零件等用放大的模型、特写照片、灯箱等手法突出地表现出来,使观众能清晰地观看,更好地了解和认识展品。

对于特别的、新技术、着重推出展示的展品、展项可以进行特写陈列,把这类展品放置在空间中心或显著部位,其余展品围绕其周围进行展示。也可以通过升高展台、展柜的高度,或同时提高观众观看位置高度,再配合声音、光效、动态展示以吸引参观者注意,如图 5-9 所示。

图 5-9　特写陈列

特写式陈列的优点是可以充分展示展品的优势和特色,强化展品的形象,较适合新产品、优质产品、名牌产品的宣传展示。

（三）场景式陈列

场景式陈列是将展品与某种生活空间、工作空间、学习空间以及自然环境相结合，使相关展品陈列于这一空间环境之中，既显示其功能和外观上的特点，又充分展示其在使用中的情况。

场景可以是对现实生活场景的一种再现，通过声、光、电的运用，烘托场景气氛，让参观者有一种身临其境的感受。也可以是对某种理想化场景的描述，使参观者感受到展品的理念和特定意义，如图 5-10 所示。

图 5-10　场景陈列

场景式陈列的优点是容易引起观众的联想和共鸣，给人以亲切感，从而激发出购买的欲望。

（四）系列式陈列

系列式陈列是以某一品牌的系列化产品或某一企业生产的系列产品进行组合陈列。例如，某些化妆品，同一品牌有不同样式、型号、规格等，为了强化企业形象，达到品牌效应，使观众对产品产生信任感，通常需要进行系列化的完整展示。

系列式陈列设计要求陈列道具、色彩、风格等方面都要与展品形象统一协调，以形成观众对企业或产品形象的强烈印象。

（五）节日与季节式陈列

节日与季节式陈列是根据季节的不同特性和要求，或以节日为主题进行组合陈列，以便适合不同季节的需求，顺应和满足人们在节日购物的需要。

这类陈列设计要注意陈列季节与节日的特点，强调陈列的氛围与风格。例如，春季用桃花表示，夏季用荷花表示，秋季用菊花表示，冬季用梅花表示等。又如，迎春展销会的陈列要注意营造丰年、祥和、团圆、喜庆的气氛，形式上突出中国的传统与民族特色，如挂灯笼、贴对联等；圣诞展销会的陈列可突出异国情调，采用一些欧洲的传统手法与样式，如放置圣诞树、贺年卡等。

（六）动态式陈列

动态展示是一种以现场表演、实际操作、观众参与以及利用动态展具来陈列展品的形式，它在现代会展活动中日益受到观众的青睐。动态展示陈列主要有技艺性演示、参与性操作、动态展具等。

技艺性演示是通过专家或艺人把展品在实际工作和使用中的原理和效果生动地演示出来，如乐器的现场演奏、时装表演等。它可以使展示活动充满情趣，大大增强展品的陈列效果。

参与性操作是让观众直接与展品接触，通过实际操作拉近观众与展品距离，激发观众的参与热情，产生更好的展示效果。例如，拼制各种玩具，现场进行计算机操作等。

动态展具是利用自动装置使展品呈现运动状态。具体的有旋转展台、电动模型、机器人服务等。

近些年数字媒体技术、多通道交互技术在展示过程中得到了运用和推广，调动起"审美主体"的能动性，增强了参观者与展览的交流。展会中的动态陈列如图 5-11 所示。

图 5-11　3D 虚拟交互动态展示

（七）静态式陈列

传统展示多为展柜、展板、展台陈列等静态的陈列。

会展空间更多地希望促使参观者主动接收展品、展项信息，并进行有效的交流。所以在会展空间内，可以开放展品、展项。参观者可以直接触摸、翻动、尝试使用展品、展项，直接参与展示活动，减少参观者与展品的距离，增强参观者的直接感受，进行有效的信息沟通，如图 5-12 所示。

（八）分类式陈列

同一企业可能也有不同类型的展品，要注意在整体展示陈列中，不同类型展品之间的相互联系性和协调性。不同种类的展品、展项可以按照风格、功能、色彩、材质、类别等不同属性进行分类陈设，便于参观者较快地找到感兴趣的展品，并且有利于整体空间的协调。

图 5-12　静态式陈列

（九）对称式陈列

对称式陈列是指展品、展项可以在不同空间、不同形态、不同程度地对称。一般围绕一个中心进行左右、上下或四周的对称。对称中心往往是视觉中心，可以是实体，也可以是虚空间。可以设计对称中心进行特殊展示，也可以是品牌形象展台。展示效果上会有传统、庄重、朴实的空间效果。

（十）综合式陈列

综合式陈列是将不同质地、不同种类、不同用途的展品，经过合理地区分、归类，既能达到丰富多彩的视觉效果，又有利于观众系统、全面地了解情况并进行比较。

在会展上，由于空间限制，还常常将不同种类、不同规格的展品经过合理的搭配，综合地布置到一个空间内。综合陈列应注意展品的展示之间的协调，避免过于混乱，如图 5-13 所示。

这类陈列设计要避免杂乱无章，应做到错落有致，留有适当的空白。

图 5-13　综合式陈列

四、展示陈列的构成形态与风格

（一）展示陈列的构成形态

展示陈列在基本构成上有水平、垂直、斜线、曲线、圆形、扇形和三角形等形态，可以采用放射、渐变、旋转、错位等造型方法处理，以得到不同的视觉感受。

（1）水平构成。可用于陈列时序性较强的展品，给人以平稳、舒展的感觉，在陈列设计中，展柜、展墙、展架是构成横向空间的常用道具。

（2）垂直构成。既可以是在进深大、构架高的空间里悬挂标志、标语、灯具、装饰品等，也可以是在岛式或半岛式的平面布局中，通过中心陈列法展示展品，给人以挺拔、庄严之感。

（3）斜线构成。有动感，比较引人注目。

（4）曲线构成。有流动、变化的动感和柔和、优美的抒情感，利用曲线可避免形象的枯燥呆板,调节垂直空间的冷峻、严厉,可以用于轻柔的织物、妇女儿童用品等的陈列。

(5)圆形构成。具有丰满、柔和、亲切的特性,丰富多样的视觉效果,不仅适合不同角度的观看,同时也能营造科幻般的气氛。

(6)扇形构成。有舒展、开放的感觉,可将单一的展品或同一类而质地不同、花色不同的展品进行此种陈列,以显示展品之间的差别。

(7)三角形构成。有正三角形和倒三角形之分。正三角形具有安定、向上之感;而倒三角形则会打破其稳定状态,给人以不安定、紧张的动感。

(二)展示陈列的风格

展示陈列的风格多种多样。有不追求装饰效果,不依赖道具,将展品随意摆放的自然型陈列;有追求形式美、情调美,强调道具、灯光、色彩、装饰设计的唯美型陈列;有将展品按实际使用状态展示的生活型陈列;有注重戏剧化情节、场面和舞台效果的戏剧型陈列;有以夸张的艺术造型、荒诞的故事掺和的夸张型陈列;有以数据、图表为主展示的宣传型陈列等。

在展示陈列设计中,通过在色彩、照明、装饰上创造性的安排,参观方式上观众的参与、体验,以及加强声、光、电等高科技的运用等,可以从根本上真正改善人们的视觉环境,以取得新异、有情趣、个性化的展示效果。

第二节 会展展具设计

一、会展展具设计的类别

展示道具的形式多种多样,分类方法也各不相同。依照道具功能进行分类,有展架类、展柜类、台座类、展板类、护栏(标版)类等。

图 5-14　展示道具

（一）展架

展架作为吊挂，承托展板，可以组成展台、展柜及其他形式的支撑结构，是现代展示活动中用途最广的道具之一（图 5-15）。

图 5-15　展架搭建展台

1.奥克坦姆（OCTANORM）展架系统

奥克坦姆展架系统是由德国的汉斯·施得格先生在 1969 年发明的铝制型展位搭建材料。这种材料由扁铝、立杆、锁头组成，立杆的截面呈八角形，八面均有开槽，它可以用配套的锁头从八个不同的方向固定展架，如图 5-16 所示。

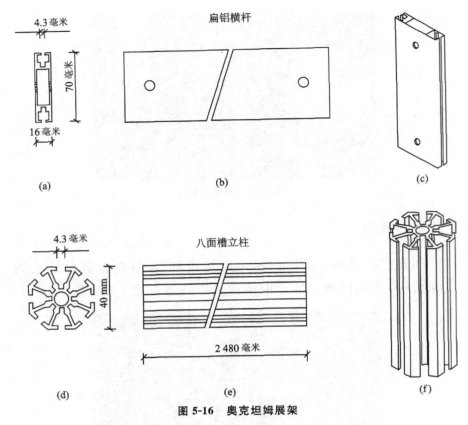

图 5-16　奥克坦姆展架

（1）快捷式展位搭建模式特点是快速安装、提高展位搭建的工作效率、模块式结构、铝合金和环保木材制作、符合欧洲标准。一个工作人员可以完成整个展位搭建工作。电源、射灯全部配好，电线藏于铝合金型材内，整个展位可拆卸成单元运输，方便快捷。接口的标准化可以使整个展位无限进行组合，拆卸后的板材和型材可以装在特定的运输箱子中（图 5-17）。

（2）轻便式绷布塑料抓手。绷布用抓手加紧，抓手下面的滑块可以在柱状支杆的滑槽中任意移动，抓手之间依靠绷布的张力固定（图 5-18）。

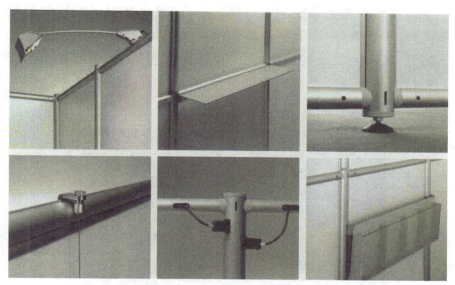

图 5-17　快捷式展位搭建模式

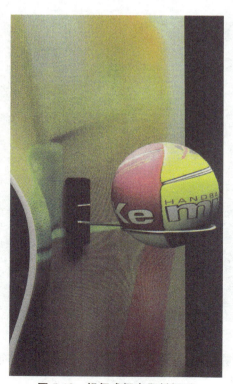

图 5-18　轻便式绷布塑料抓手

　　德国奥克坦姆集团绷布系列产品，与铝合金型材用特殊橡胶条衔接，平整度好，画面采用热转印技术，比喷绘更逼真，幅宽是3米倍数，可不需要型材对接，纵向可以无限制延展，明显优于传统的板材产品。可以说将来会展空间立面和顶面设计应用是绷布的天下（图5-19）。

图5-19　德国奥克坦姆展架系列产品

　　图5-20为绷布产品系统，其中图5-21为绷布系列产品组成的小型展位设计。

图 5-20　绷布产品系统

图 5-21　绷布系列产品组成的小型展位

　　（3）墙体结构系统。墙体结构系统主要起隔断作用，源于现代工业标准化的大规模应用，所带来的墙体立面的自由组合和现代工业美感，从成本和工艺上节能创新，使得墙体更结实封闭，按照客户需求组合更自由（图 5-22）。

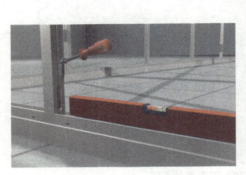

图 5-22　墙体结构系统

2.拉网式展架

拉网式展架如图 5-23 所示。

直形拉网展架　　　　　　　　　　圆柱形拉网展架

图 5-23　直形与圆柱形拉网式展架

拉网式展架有平面展架、弧形展架,也有圆柱形拉网展架。重要功能是做流动背景,携带时可以将拆开的模块部件装到专门配制的箱包中方便运输(图 5-24)。

图 5-24　弧形拉网式展架

图 5-25 是德国奥克坦姆集团(OCTANORM)产品系列,其曲线型展架产品系统的基本功能与易拉宝相同,价格相对便宜。它

构造简单,而且运输方便,所以经常出现在会展、商场活动中。

图 5-25　奥克坦姆展架

3. 折叠插接式展架

插接式由简单的联结件发展成为多向的接插头系统(有各种2～6通插接头),其插头有一定的锥度或用弹簧卡口固定。比较常用的是 3 通系统,用管件、镶板配合可以搭成各种展台(图 5-26)。

图 5-26　插接式展架

可根据实际场地的不同面积而随意组合成促销台、背景板、隔断等各类展示道具,并可在板块原有的结构基础上安装隔板、横杆、挂钩等附件,组成风格迥异的展示效果,如图 5-27 所示。

图 5-27　折叠插接式展架

4.任意多向连接展架

通过合金管材与多向连接器的巧妙组合设计,配合使用灯箱布、各种厚度板材及多用顶篷等,从背景墙、陈列柜到户内外大型会展活动的搭建均能获得理想的个性化的展示效果,如图 5-28 所示。

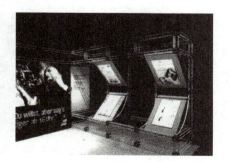

图 5-28　任意多向连接展架

5．X 形金属展架

通过不同形状的金属连接头组成多种方案的金属展架，便于安装、拆卸、运输，并具有稳固、跨度大、气势非凡的户内外展示效果，如图 5-29 所示。

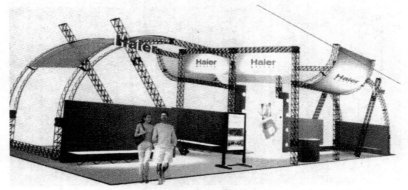

图 5-29　X 形金属展架

6．金属焊管桁架

此产品属于模块化的初级品种，但是应用较为广泛（图 5-30）。

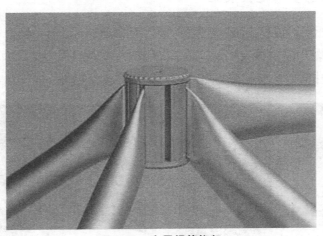

图 5-30　金属焊管桁架

7.普通折叠桁架

折叠桁架巧妙运用了"分解组合、结构变形"的几何原理,可任意拼接组合,运输、存储方便,表面处理方法多样,可写真、喷绘,并做成灯箱式效果,从而达到更好的展示效果,如图 5-31 所示。

图 5-31　普通折叠桁架

8.加强型折叠桁架

三角、四角加强型折叠桁架,比普通折叠桁架更稳固,跨度更大,适用于大型车展及户外演唱活动。它具有较强的抗风能力,同样具有普通折叠桁架的造型能力及方便运输、存储的特性,如图 5-32 所示。

9.行星系统展架

行星系统展架可实现任意组合,循环使用,它突破了强度、材质等很多使用限制,可适应各种展示的需要,如图 5-33 所示。

图 5-32　加强型折叠桁架

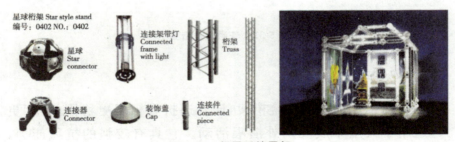

图 5-33　行星系统展架

10. 柔性特装

　　利用特殊装饰布的超强弹性,配以合金龙骨,产生一种特殊的艺术造型。点、线、面有机结合,使展位刚柔并济,飘逸、轻盈、安全,适当加入进口展示专用灯光,产生一种梦幻般的展示效果,如图 5-34 所示。

图 5-34　柔性特装

11. 脚手架式

用一定长度的钢管或铝合金管,配合金属制的夹扣件,以螺栓固定(图 5-35)。

图 5-35　脚手架式展架

12.球节螺栓固定式

如德制"MERO"系统的连接球节有 21 个棱面,每个面上有一个螺眼,管件的两端有套筒和可以移动的螺栓,螺栓旋入球节上的螺眼中固定。使用这种系统可以组成各种形态的骨架,可以形成有变化的造型和空间(图 5-36)。

图 5-36　球节螺栓固定式展架

(二)便携式展具

1.易拉宝展具

易拉宝展具重量轻,可随身携带,通过改变内部结构又可实现单面、双面、多画面转动展示,只需很短的时间和很少的步骤,即可展示图像,如图 5-37 所示。它可广泛应用于巡回的会展活动、会议演示等。

易拉宝从材质上讲有铝合金、不锈钢,从尺寸规格上来讲有不同宽度,如 60 厘米、80 厘米、100 厘米、120 厘米(图 5-38)。

易拉宝的特点:体积小、容易安装,打开即可使用。

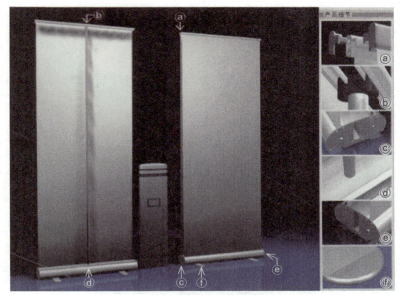

图 5-37　易拉宝展具

图 5-38　铝合金易拉宝

2.帆形展具

(1)普通型帆形展具

普通型帆形展具是更方便、快捷、简洁的便携展具,并可调节画面的倾斜度,如图 5-39 所示。

图 5-39　普通型帆形展具

(2)户外型帆形展具

户外型帆形展具克服了普通型帆形展具的不稳固和不宜户外使用的缺点,具有便携、稳固、抗风雨的特性,造型前卫,如图 5-40所示。

(3)L 形便携展具

L 形便携展具采用特种碳素材料,通过背支杆的支撑使展架坚固轻便,不仅可以在中心支撑画面,还可以满足特殊要求,可高低缩放,如图 5-41 所示。

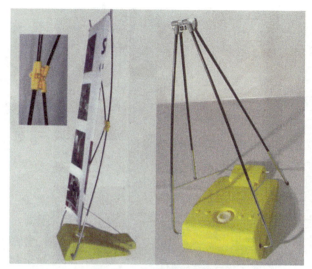

图 5-40　户外型帆形展具

图 5-41　L 型展具

（三）展柜

展柜是保护和突出重要展品的道具。展柜类通常有立柜（靠墙陈设）、中心立柜（四面玻璃的中心柜）和桌柜（书桌式的平柜，上部附有水平或有坡度的玻璃罩）、布景箱等。

图 5-42　立柜

图 5-43　布景箱

（四）展台

展台是承托展品实物、模型、沙盘和其他装饰物的用具，是突出展品的重要设施之一。

图 5-44　展台

旋转展台的设计除部分较小型的标准化展台外,大部分的展台都需要根据具体的展品设计制作。

图 5-45　旋转展台

展台中还有一种特殊的展台——接待台。它一般设置在展位的主要入口处,用于接待观众、散发资料和纪念品,具有吸引和引导观众参观的作用。

图 5-46　展台正面

（五）数码影视设备

随着新材料、新设备、新技术的不断出现，展示道具的设计产生了"视觉虚无化"风格。例如，在香港举办的中华人民共和国成就展中，就大量使用影视录放设备，将视听资料投放在四周的展墙上。应用计算机控制系统，按时间顺序进行音像同步演示，达到道具"虚无"而展品"实化"的视感。

二、展示道具设计原则

（一）辅助传达信息的原则

展示道具是传播展品、展项的媒介，是信息传播的载体，它起到的说明性效果有时甚至要超过文字效果。信息传达是会展活动的唯一目的，因此展示道具的设计应符合会展活动的需要。

例如，在有限的空间内，展示道具尺寸不宜过大，高矮程度应适合人们参观；道具形态语言和风格应符合整个会展空间的需要，与整体风格一致，形成统一和谐的会展空间形象；色彩上不宜过于花哨，让人眼花缭乱，造成喧宾夺主；组合方式上要便于参观者行动，不要妨碍空间流动性；还要注意互动性展示道具对互动空间的具体要求。

（二）便捷性原则

会展空间不像专卖店、商场这些商业空间，可以长期使用固定空间。会展一般的周期在一周之内，因此需要在布展和撤展的过程中尽量快捷。展示道具应标准化、通用化、系列化，既方便安装，还要适合存放、运输，要考虑到异地安装的情况。

（三）安全性原则

要注意会展道具的强度，道具应可以负荷一定的重力和其他方向的力，能有效地保护展品。展会展具内的电动结构、灯管电路、媒体机器应可以正常使用。展示道具要保证不能存在威胁参观者安全的因素,例如,有毒气体、易燃易爆物、易碎物、尖角造型、噪声、眩光等。

(四)经济性原则

展会展示道具应坚固耐用,可重复使用。设计道具时要合理利用材料,选用可再生材料和可回收材料,提高资源利用率,尽量选取可兼容性的材料,增加兼容周期,便于组合成新的形态。

每一个展览会的结束就是一个大垃圾场的诞生,道具的设计提倡绿色设计理念,在设计初期应充分考虑零件材料的可回收性。在设计中采用合理的结构、功能或新技术使展示道具在使用过程中尽量消耗和损失最少的能量。

(五)以人为本原则

会展设计主要就是针对参观者,以传播信息为目的的设计,需要满足人们物质和精神双层面的需求。和谐舒适的展示环境,美观明朗的展示效果,充实丰富的展示信息,安全便捷的流动空间,周到合理的服务设施,都是人们对会展空间的要求。

在设计中要充分考虑人体工程学因素,使展示道具的尺寸符合人的需求。展览道具应符合人体工程学的要求,结合展品规格和陈列空间的大小来考虑,尽量以标准化、系列化为主,以特殊设计为辅。

第六章　新媒体、新技术在会展设计中的应用与发展

第一节　现代科技的发展对会展设计的影响

一、新媒体、新技术对会展设计的影响

(一)新媒体、新技术对会展设计手段的影响

新媒体技术运用下的会展设计手段强调计算机及网络技术在会展中的运用,通过高精度的运算及制作来提高会展设计的精细化程度,从而达到比较具有视觉和感官冲击力的效果。随着新媒体技术在会展设计中的不断应用,传统的会展设计手段将不再适应新媒体技术的要求,这也将促使会展设计手段发生改变。

(二)新媒体、新技术对会展设计展示方式的影响

新的投影、屏幕、触觉及感官技术的发明应用变革了以往的会展展示方式。高精度投影设备及 LCD 液晶显示屏幕的应用从视觉上给予受众更加绚烂的视觉冲击。而触控技术的发明与应用则给予受众以强烈的趣味性。会展展示方式由传统的观众只是走马观花的"看",到现在"看""听""摸"等结合为一体的立体式展示,将会展展示方式正从单一的展示转向多元化、全面的、立体的展示。

二、会展中多媒体技术的运用

(一)视觉媒体技术在会展中的运用

视觉与听觉相似,视觉心理学是一个细化的分类,主要是指

外界影像通过视觉器官引起的心理机理反应,是一个由外在向内在的过程。

不同的人不同影像、相同的人相同影像以及不同的人相同影像和相同的人不同影像产生的心理反应是不同的。比如,同样看到一朵花,人开心时觉其艳丽,伤心时觉其凄婉;同一处风景,初来之人欣赏其美丽,久住之人感觉其平淡等。

当然,也有一些共同的反应,它基于外在影像特征和民俗文化特征以及地域因素等在不同程度上会对部分群体产生相同的心理感觉或反应,比如雨过后天空出现彩虹,人们普遍觉得美丽;看到一条龙的图像,英国人觉得其邪恶而恐惧,中国人则将自己作为龙的传人而感到骄傲等。

(二)触觉技术在会展中的运用

当今的会展技术正在向让受众不仅仅是看,同时可以听、玩的立体式体验方向发展。那么,可以让受众产生立体式体验的展品必须具备触觉技术。目前已经出现并趋于成熟的触觉技术设备有数据手套、压力传感手套、手部位置超声波跟踪器、力量反馈接口、数据服装、三维数据座舱和模拟器等。

图 6-1 液态流动的电子

三、低碳设计理念下的会展设计

(一)低碳设计的概念与兴起

1.低碳设计的概念

低碳设计的概念是在全球化高速发展的情况下,生存环境、资源消耗、生态平衡等方面发生急剧变化的情况下提出来的,是指排放较低的温室气体。

这样的理念在众多领域有众多的称呼,如低碳经济、低碳制造、低碳产品、低碳出行、低碳服务、低碳建筑、低碳住所等,强调了科学、技术、经济、生态环境的有机统一,对人类在自然资源利用、生态环境保护、社会经济提高、生活质量提升等方面有重要影响。

2.低碳设计的兴起

随着 2003 年英国"低碳经济"的提出,以及 2009 年哥本哈根气候大会上"低碳"的提及,人们都一致认为抵制奢华、拒绝高耗高排,能为人类的生存以及生活理念、形态、质量带来新的提升,也能为人类社会进步、经济发展、就业推动提供机会,因而受到世界各国政府以及人民的欢迎和支持。

同样,低碳理念在设计这个行业中的兴起以及蓬勃发展也是必经之路,这样的理念能促进设计理念的更新,包括在产品制造、运输、流通、消费、回收等方面做到低耗、低排放、低污染等,能有效实现生态转型,因而走出了一条茁壮发展的良好路径。

(二)会展经济与展示设计

会展设计的发展有百年历程,并且一直伴随着科学、技术的发展而发展,为人类社会做出了重要贡献。也创造了可喜的社会经济效益,并且形成了以德国为代表的全球展览行业领导者,以及以新加坡为首的亚洲展览中心。

1851 年英国的万国博览会是第一次正式意义上的会展展会活动,此后,在经济、科技、文化等领域涌现了众多的会展活动。随着社会体系制度的逐渐成熟,资本资金的不断积累,商业竞争之间竞争程度的加深,会展展示也就在市场营销、增强企业竞争客源、发展社会教育与传播资讯等方面发挥了重要作用。

(三)低碳会展设计原则

1.低碳设计展陈技术原则

(1)新材料的运用原则

低碳会展设计中合理利用新材料,能创造出最佳的展示效果。

所谓合理利用是在设计师了解各种新材料是否符合标准的情况下进行的,只有明确了各种板材、壁纸、油漆等材料是否对人体产生伤害这样的问题处理得当,才能实现真正的"低碳设计"。

(2)新技术的应用原则

纵观会展业的发展,人类对于科学发明和生产技术上的革新都具有推动会展业发展的作用,一方面能推动人类发明新技术的步伐,另一方面,也使得低碳概念有了可行性。

(3)绿色设计的应用原则

其实绿色设计也是低碳设计的产物,其宗旨依然带有低排放、低消耗等关键词,一样需要顾及生态资源和人文环境。

2.低碳设计地域文化原则

在设计的过程中,应该抓住地域文化,使设计作品具有生命活力,其中,最重要的就是对于空间布局、功能规划、展陈演示等内容的地域文化把握。

3.低碳设计的数字化原则

低碳的数字化主要体现在低碳技术与低碳材料有无合理有

效的组合,如若没有就是一种资源浪费和对环境的污染。展陈技术的数字化对展览业的发展起到功不可没的作用,高新科技的发展推动数字设计的发展,数字设计中的低碳技术成分也逐渐多于以往。但这并不代表技术超过艺术设计,一个好作品需要将两部分有效权衡,缺一不可。

我国现阶段数字技术的应用还停留在初级阶段,还存在技术不够娴熟,制作不够精良等问题,这需要设计师加紧脚步,积极学习先进的技术和理念,并结合实际加以利用。随着这些因素的成熟改进,数字化滥用现象也会慢慢减少。

(四)低碳设计——世博会展发展新方向

1.世博会展中的低碳设计

世界博览会,人们习惯简称为世博会,每隔3至5年在世界各大城市举办。它作为会展展示设计门类中的重要分支,越来越受到各国政府、企业、人们的高度关注,无论在展览形式、规模,还是在场馆造型、平面布局上均得到了迅速的发展,特别是低碳设计在世博会中的应用。

2000年汉诺威世博会中,日本馆的设计就很好地体现了低碳设计理念,其屋顶的材料采用纸制复合材料,充分体现了日本人对于生态自然和谐共处的智慧。

图6-2　汉诺威世博会日本馆场馆内部细节图

同样,在展览中的荷兰馆,在设计上也采用了风力发电系统,一样体现了低碳设计理念。

图 6-3　汉诺威世博会荷兰馆

2005 年 3 月 25 日,在日本名古屋的爱知县盛大举办的爱知世界博览会,其活动的理念就是以"低碳设计"为宗旨的。

2010 年上海世博会中,人们则可以体会到会展业真正的低碳设计时代的到来。例如,瑞士国家馆的建筑采用了太阳能装置,其中还有红色织网状帷幕,其材料是环保的合成树脂,有的甚至能直接食用(图 6-4)。

图 6-4　上海世博会葡萄牙馆及瑞士馆

澳大利亚馆（图 6-5）的设计也同样体现了"低碳设计"理念，场馆外壁采用的是根据日晒程度、季节温度进行变化的高科技涂料，节省了资源和碳排放。

图 6-5　上海世博会澳大利亚国家馆外观及内部

另外，在生态系统方面，上海世博会规划区内的土壤、水资源、声环境、绿化等均不是很理想，因此政府希望通过这届世博的举办，可以减少此区域的人口密度，增加人均绿地占有率（图 6-6），减少污染，改善环境质量，为上海建设生态城市、生态建筑提供参照样本。

图 6-6　上海世博会园区绿地占有率

2.后世博会展发展策略

（1）构建低碳展示空间

展示空间侧重视觉效果表达情绪、营造气氛等精神层面上，进行观众与展示空间的良好沟通，同时也增加多元的选择性（图6-7）。

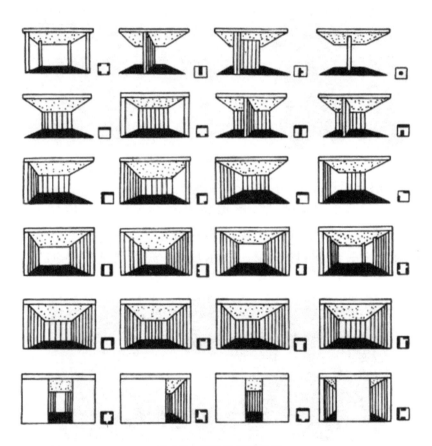

图 6-7　展示空间的分类

（2）配置低碳展示设施

所谓配套的展示陈设设施（图 6-8）其实就是建立资源的有效利用，减少浪费，既有环保之功效，又有展示之作用。

图 6-8　德国配套的展示陈设设施

（3）倡导低碳展示方式

随着信息时代的发展，虚拟技术在会展设计中应用非常普遍，这是进行虚拟与现实连接的非常好的方式，同时也是新技术展示的绝佳平台，而且还能在展示成本、资源消耗等方面发挥重要作用。

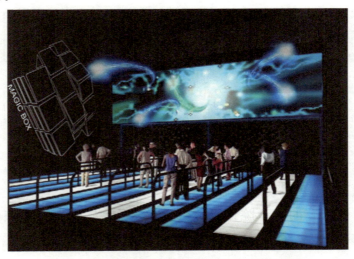

图 6-9　国家电网展馆六面影像、悬浮体验的"魔盒"

（4）培育低碳展示体验环境

低碳展示体验环境主要依靠多媒体虚拟技术、声光电一体技术、数字数码影像技术来实现，是一种媒介艺术设计发展的新形式（图 6-10）。

图 6-10　上海世博会山东馆鲁班锁、中国国家馆内清明上河图

第二节　新媒体在会展设计中的应用与发展

一、会展新技术的种类

（一）多幕电影与组合录像

多幕电影，最早是由捷克斯洛伐克在 1958 年的比利时布鲁塞尔世界博览会上推出的新形式，因其具有打破时空局限的较强表现力，很快得到普及和发展。在展示活动中，常见的形式为球形全景式电影，能令人产生身临其境之感。

组合录像，近几年应用较为广泛，多以幕墙的形式，由多个大屏幕投影式电视单元组成，它具有分频显示、画中画等多项特殊功能。

电视屏幕能显示诸多视频信号、计算机信号，尤其适合于高水准图像的展示。在高档展示空间、电视会议厅、可视图像信息处理环境中，均能产生新奇的极佳展示效果。

此外，还可应用电脑多媒体技术，将生动、感染力强的形象资料进行展示，也可将组合录像与投影幻灯搭配使用。幻灯图像是大尺寸的，在其周围或一侧利用录像放映与幻灯相关的内容，以造成丰富、新奇的视感，如图 6-11 所示。

图 6-11　多媒体技术运用

多幕电影、组合录像、电脑多媒体技术等，以其特有的音、像、色的组合和涵括的丰富信息量，深受展示界的重视。要想取得较好的视觉效果，在进行影视展示设计时还需要注意以下两点：影视幻灯与周围空间物像的明暗反差效应，以及整体环境的节奏和谐关系；音响之间不能互相干扰而导致噪音，产生对观众心理的不适现象。在展示空间中，影视机器数量必须适当，设置不宜集中。在发挥影视特殊功能的同时，还应重视"视觉疲劳"的因素。尤其应注意在以实物陈列为主的展示中，绝不应由影视替代，影视只能作为其补充调节气氛的手段。

（二）电子光学显示

展示光电效果的制造，已由最初的霓虹灯、塑胶管灯带和光导纤维技术的应用，发展至电子荧屏显示技术和声光同步的激光技术。LED 电子屏，集声、光、字、画为一体，采用多媒体技术，可直播彩色电视画面，也可制作二维、三维特技动画效果。有 40 多种美术汉字的动态字幕，字幕与电视画面可进行叠加或切换，可产生变化无穷的视觉效果,是大型展示场馆、广场、车站、候机室的最佳展示传播媒体。

电子光学显示系统的设计,固然要有懂得光电技术和电脑技术的专业人员参加,但对于显示屏幕的外观造型、位置尺寸的确定、屏幕的色彩及装饰、屏幕与周围的环境关系、屏幕显示传达的时效性等均需展示设计师参与设计,如图 6-12 所示。

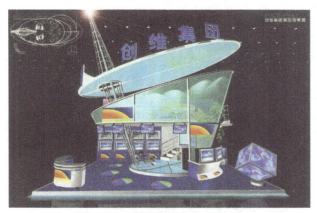

图 6-12　会展与会展设计

(三)快速拓展系统

快速拓展系统包括折叠式展架和双面绒展板等。折叠式展架有快捷、轻便、灵活、实用的特点。10 平方米的布展面积折叠后只有 0.1 平方米,可以放入手提式皮筒内,最大限度地解决了展具携带不方便的麻烦;双面绒展板,拆卸方便,随意搭接,式样变化繁多,色彩各类齐全。这两种系统均可用于流动性的商业展台。

(四)投影系统

通过投影机在球型帷幕上刻画梦幻的景致,使整个环境有幻真的效果。

二、会展新技术的应用

会展新技术在会展设计中应用广泛,渗透了会展的各个层面。而会展的策划也得益于新技术的应用,使得大型会展气势磅礴,缤纷多彩,小型会展精细秀气,雕琢细腻。

(一)音频和视频设备在会展中的应用

以下为两个方案的整套展示设计效果图。

1.展示设计方案一

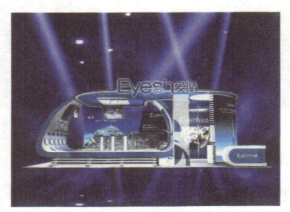

图 6-13　效果图

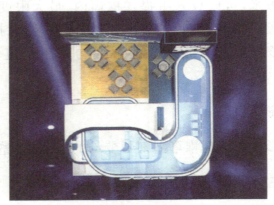

图 6-14　平面图

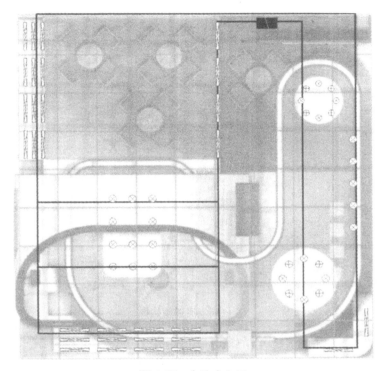

图 6-15　电路走向图

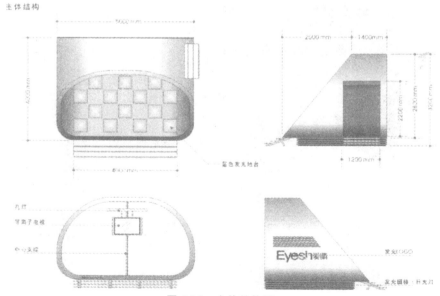

图 6-16　主体结构图

顶蓬结构

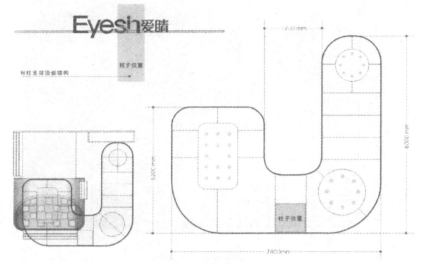

图 6-17　顶棚结构图

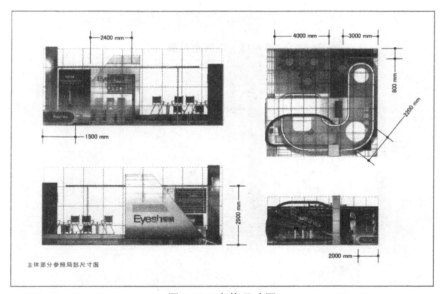

图 6-18　主体尺寸图

2.展示设计方案二

图 6-19　效果图

图 6-20　平面图

图 6-21　立面图

（二）数码与光电技术应用

　　展览中使用的新技术涵盖了视觉、听觉、触觉等多个方面，包括视频设备、音频设备、光电设备以及 VR 等。展览中应用新技术能更好地展示展品。新技术的应用使静止、被动的信息传播方式向动态、互动的展示方式转变。视频、音频等数码技术增加了展示的信息量,强化了传播效果,同时让观众参与互动,体验展示效果,如图 6-22 所示。

图 6-22　变换的声、光动态展示

音频、音响设备使视觉活动的过程扩展到了听觉的过程;数码视频,如电视、电影、投影仪、LED 显示屏等,带来了可动图像,承载更多信息。

数码与光电设备强化展示信息,带来图像、色彩、光影、音频组合的动态展示。多媒体视频信息量丰富,可滚动播放信息。

图 6-23　滚动播放的视频设备

图 6-24　电视墙

图 6-25　投影动态图像

图 6-26　安装中的视频设备

常用的视频设备有投影仪、LED 显示屏、等离子电视、电视墙等。LED 显示屏轻薄小巧,可作为展板的一部分。电脑显示屏既可以单独展示、宣传,同时也可以和观众交互使用。电视墙是超大屏幕或几个小屏幕组成的显示器,大尺度的动态画面更加引人注目。视频设备数量与布置需要根据不同的功能分区的需求,合理安排设备,数量不可过多,小型 LED 显示屏可进行互动操作,大型投影仪可以用来展示产品形象。多媒体视频设备应当与实物展品、平面展板等结合使用,取长补短,形成多层次、动静结合的展示风格。幻灯投影设备使图像可以投射在幕布上或白色墙面上,效果逼真。投影幕有电动式、手拉式、支架式等。投影技术还可以显示立体屏幕图像,让人有身临其境的感觉。

展览中的音频主要起两个作用:一是配合画面、表达内容的解说性声音;二是背景音效,烘托情绪、增加趣味性的音乐。

在各种数码技术中,计算机程控技术是最为有效的方式。通过程控技术,按照展示设计的要求,电脑可以事先设定相应的控制程序;按照展示的要求和参观景点的先后顺序,控制相应的声音、照明和视频的播放,取得动态变化的效果。

展览中交互性参观行为近年来为人们所关注,在展示中广泛应用。展览中人机交互界面的数码设备提供观众参与的交互式平台技术,包括可触摸电脑屏幕、可触摸信息幕墙以及数码成像技术等,使观众主动参与到展览中来。触摸式电脑屏或电子书使展示企业与参观者形成互动,参观者可以自行控制页面显示,获取想得到的信息,或填写自己的信息,形成互动。有的企业还提供试玩、试听以及亲身体验的多媒体设备,让参观者愉快地参与活动,如图 6-27 所示。

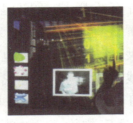

图 6-27　交互式多媒体数码技术

新技术的使用必须紧密结合展示主题，突出展示重点，不能舍本逐末，把重点放在展示高新技术手段上，新技术必须与各种展示方式结合使用，以达到最佳的展示效果。

（三）虚拟现实技术

在展示活动中，如何使参观者能够真正身临其境进行某种活动的体验，一直是一个设计上的难点。虚拟技术提供了这种可能性。虚拟技术创造一定的情境，让观众参与，或是在一定的运动状态中观看特定的场景。虚拟现实（Virtual Reality，VR），是一种基于可计算信息的沉浸式交换环境。具体地说，就是采用以计算机技术为核心的现代高科技生成逼真的视觉、听觉、触觉一体化的特定范围的虚拟环境，体验者借助必要的设备以自然的方式与虚拟环境中的对象进行交互作用、相互影响，从而产生亲临真实环境的感受和体验。展示中的现实虚拟主要分为实物模拟与场景模拟等。

最早提出"虚拟现实"概念的是天才程序员、美国 VPL 公司的创建人之一杰兰·拉尼尔（Jaron Lanier）。20 世纪 80 年代，VR 系统在多个领域的成功应用，使它在 20 世纪 90 年代兴起。虚拟现实是高度发展的计算机技术在各个领域应用过程中的结晶和反映，它不仅包括图形学、图像处理、模式识别、网络技术、并行处理技术、人工智能等高性能计算技术，而且与数学、物理、通信，甚至与气象、地理、美学、心理学和社会学等相关。杰兰·拉尼尔对这种技术最初的设想是用计算机生成一个融合了视觉、听觉、触觉或嗅觉的感觉世界，人们可以从自己的视点出发，利用自然的技能和某些设备对这一虚拟世界进行浏览和交互,从而获得一种浸入式的、多重感官刺激的体验。当时人们对于虚拟现实最通俗的想象就是戴上数据手套、头盔显示器,或者穿上数据衣,便可以进入一个数字新世界。当然,这个新世界有着巨大的想象空间,我们也许可以像《变形记》中的小职员一样,一夜之间变成一只大甲虫,因为计算机可以模拟并赋予人们甲虫的视觉、听觉和触觉,从而体验到甲虫所体验到的世界。

杰夫瑞·肖在德国卡尔斯鲁厄市的媒体与艺术中心设置的展览作品《可读的城市》(1990)就是一个早期的虚拟现实技术的应用,类似于一个计算机三维动画的系统。一辆自行车被放置在三个大型投影屏幕的中间,当观众蹬踏自行车时,就好像正骑车穿过曼哈顿、阿姆斯特丹或卡尔斯鲁厄的娱乐区街道,街角、标志、建筑、字符……都是巨大而立体的,它们随着自行车踏板的移动出现或消失。

VR技术所具有的临场参与感与交换能力可以将静态的展示转化为动态的,可以使观赏者亲身体验展示内容,提高了信息传达表现能力。VR技术在未来展览领域所具有的潜在应用能力不可低估。

(四)新技术工具的开发

会展多媒体工具开发是会展多媒体处理中应用的极其重要的技术手段,由图像编辑软件、音频编辑软件、绘画和画图工具软件、三维画图软件构成。它可以进行超级链接,处理动画,应用程序链接,多媒体数据输入输出,简易地面向对象进行编程,在会展设计的准备期是非常常用的制作处理工具。

根据出发点的不同,多媒体开发工具类型可以分为:①基于时间;②基于图标;③基于页或卡片;④基于传统程序语言。会展策划者借助于这些软件对图像文件进行前期创作、中期调整及后期渲染。没有一张会展图片是不经过软件处理的,可以说多媒体开发工具这项软件技术的应用是会展图像文件美化的必不可少的手段。

图 6-28　声控机器人

　　2005 年上海多媒体技术会展由上海市多媒体行业协会牵头举办,邀请了国内外众多知名厂商参加,以广大场馆、会展为主要目标,给各家多媒体提供一个展示自己技术实力的平台,以及和各自客户进行交流的场所。

　　这次会展有不少知名企业参加,如水晶石,张江超艺,超蓝数码等,展会的主题是多媒体,可是技术范围已经不是我们所熟知的狭义的多媒体;Director 或者 Flash 实现的多媒体技术,会展上所定义的多媒体已经扩展到了广义范围,也是多媒体的原意;组合一切可以使用的多媒体或者沟通手段,向观众表达主题内容。

　　在这次会展上出现的多媒体技术,综合看来大概是以下几个技术的体现:影像识别、语音控制、非接触式开关、机关模型、环幕拼接电影。它们的目标都是以取代传统输入设备(键盘、鼠标)为己任。其中,影像识别技术是使用率最高的技术,可能是它给普通观众带来的科技感最为强烈,同时,这也比较接近人类的原生自然交互习惯。影像识别技术的分类也最细,它细分为:运动检测、手影识别、图案识别和特定颜色识别。

　　会展上各家所展示的技术中,大部分都解决了开发接口问题,在制作的内容上都相对比较简洁,反观不少使用传统软件制作的多媒体软件展示,内容制作都非常精美,可以说是为了这次大会所精心准备的内容。可惜还是使用大家司空见惯的触摸屏交互方式,导致被关注度大为下降,这也是一个信号,传统多媒体市场门槛太低,众多小公司的加入已经使这个市场进入微利竞争阶段,同时作品数量的提升导致它的神秘度大为下降,科技感不够强烈。

三、新型会展产品系统的设计应用

(一)会展产品的概念

会展产品是会展产业经营营销的基础。从人们最直观的感受来说,会展产品至少包括会展的有形产品和无形产品,但是,会展产品的准确内涵却不止于此。

一般将会展产品的定义概括为:会展产品是一个整体概念,是宣传、会议、陈列、商品交易、物流、饮食、住宿、交通、游览、售后服务等一系列有形产品和无形劳务的综合。这里我们主要介绍的会展产品是指会展产业当中的有形产品的设计,也就是会展空间设计搭建过程中系统会展产品的设计与应用。

(二)新型环保会展产品系统产生的必要性

展览业已成为我国经济增长的亮点和朝阳产业,它对拉动和优化一个城市的产业起着非常巨大的作用。但是,在会展业以及会展经济高速向前发展的同时,我们应该看到,由于展会周期短的必然特性,决定了展会是一个短期内搭建、拆毁、再次搭建与拆毁的往复循环过程,伴随这个循环过程的是大量建设材料投入于应用,大量的木材资源被砍伐投入展会的建设当中,带来的是令人触目惊心的材料浪费和生态破坏。现阶段,会展中最为常用的材料是木材,由于森林在保护环境、维系自然生态中起着至关重要的作用,过度地砍伐树木,是对自然生态环境的巨大破坏,经济发展不能以资源环境的破坏为代价。在会展的设计搭建过程中,如果采用传统的装修方式,我们可以看到展馆施工场地遍地密度板、木条、钢材等垃圾和台式木工锯、金属切割机等大型设备,表面处理过程中,刮大白、打磨粉尘、刺鼻的大力胶、喷涂油漆、乳胶漆产生的气味一直到展览结束也不可能处理干净。当每个展会结束后,参展商把多媒体演示设备搬走,其他的材料全被遗弃,整个展厅一片狼藉。所有装修精美的展位在短短几小时内被砸毁,木方木板、泡沫板、大型喷绘和各种彩色贴纸漫天飞舞。展位越大,花的钱就越多,浪费也就越严重。所谓的会展设计成为了昙花一现,最终的结果却是制造垃圾、破坏环境、造成循环的城市环境污染(图 6-29)。

图 6-29　传统会展对环保会展的要求

（三）系统会展产品的设计理念

1.基本元素

（1）标准化

系统会展产品的标准化是指产品单元结构的标准化,尤其是产品接口的标准化。

例如,图 6-30 是德国伍伯塔尔大学会展空间设计专业主任约克·石教授发明的 180 会展产品系统的应用案例。

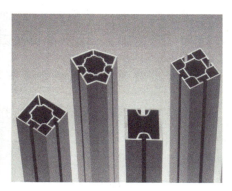

图 6-30　产品标准

（2）产品元素的划分

如何科学地、有节制地划分系统会展产品,是系统会展产品设计中必须具备逻辑思维和富有创造性的一项工作,既要照顾制造管理方便,具有较大的灵活性,避免组合时产生混乱,又要考虑到该系统会展产品将来的扩展和向专用、变形产品的发展。

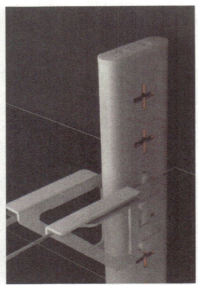

图 6-31　产品元素

2.系统会展产品设计的依据

对系统会展产品设计的基础是标准化的实施。标准的几何连接和一致的输入、输出接口是系统会展产品设计的基础条件。

3.会展行业实施系统会展产品设计的技术优势

在系统会展产品设计过程中可以建立强大的系统数据库资源和运用先进的 CAD 等计算机辅助设计软件技术的发展,如专业会展设计软件 PHYTA、OKTADESSIGN、RHINO 等,为系统会展产品设计提供了极大的便利。在系统会展产品制造中,PRO/E 和 UG 等软件大大提高了系统会展产品的制造精度和速度,比如铝合金、钢制连接构建、有机片、塑料等,使得更为复杂的系统会展产品设计成为可能,这种精度和强度是木质材料无法达到的(图 6-32)。

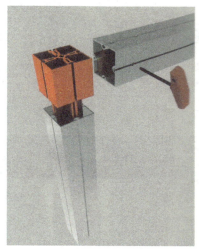

图 6-32　系统会展产品设计

（四）新型会展产品展台应用

市场上最常见的易拉宝、X 形展架、L 形展架、促销台、拉网式展架、金属焊管桁架、灯箱系统等，在会展空间设计上一般作为配件应用。

1.德国奥克坦姆集团二层楼搭建系统

此系统会展产品是该集团引以为自豪的产品系列之一，其特点是轻型、精巧，站在上边没有晃动的感觉，技术精湛（图 6-33）。

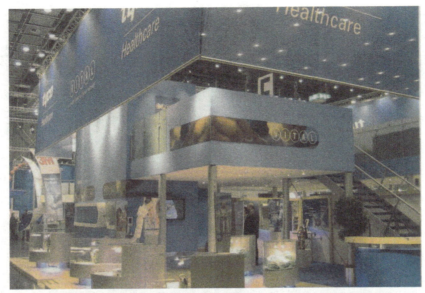

图 6-33　德国奥克坦姆集团二层楼搭建系统

2.德国奥克坦姆集团公司展示柜系统

展示柜在商业展示及装饰展示中的应用非常广泛,不仅能与展示物品和谐地融为一体,也能进一步创造更好的商业和生活环境。

图 6-34　铝型材展示柜

3.德国奥克坦姆集团公司洁净室产品系统

洁净室最主要的作用在于控制产品（如硅芯片等）所接触的大气洁净度及温湿度，使产品能在一个良好的环境空间中生产、制造。工业应用范围包括药厂、生物技术、食品和饮料厂、微电子行业、半导体行业、光学实验室。将洁净室产品系统的核心理念运用到会展设计中，从而向绿色环保的会展方向发展（图 6-35）。

图 6-35　德国奥克坦姆集团公司洁净室产品系统

第三节　多媒体技术在会展设计中的应用与发展

一、多媒体技术发展的多元化

随着会展业的繁荣,大型会展将不再是会展中的"绝对主力",中小型会展会占据越来越多的份额。中小型会展无法做到大型会展那样强烈的感官冲击力,但是它们也有自身的优势。将多媒体技术应用到会展的角角落落,让会展场馆的每一粒尘土都带上高科技的烙印,这种精细化的发展方向将是多媒体技术在会展设计应用中的方向之一。

伴随着市场的需求,不同类型的展会逐渐丰富着会展的门类。在会展面向多元化的将来,应用于会展设计中的多媒体技术自然也要面临不同的发展方向,以适应各类会展的需求。社会进步和科技的高速发展对会展设计提出了更高的要求。

二、网络云展会空间设计应用

（一）云展会综合介绍

云展会是指以网络为媒介，通过电子商务等信息技术以扩展更大的会展空间，即空间云计算机虚拟展会。在今天这个信息化的时代，网络技术迅速发展，虚拟展会应运而生，网络与多媒体技术相结合，使得云展会的发展更加快速、便捷。虚拟、现实、互联网以及传统展会行业的结合，为其诞生形成了必要的土壤。

云展会这种新形式的虚拟会展，是利用网络虚拟空间进行会展以及贸易的活动。这种技术用到了三维虚拟、并能实现立体互动的方式，更多地强调了用户的体验。凭借 2010 年上海世博会的成功举办，会展业在国际上影响力的扩大，随之也带来了一种新形式的网上虚拟会展。这种虚拟会展的发展，加速催化了云展会这种商业模式的应用，推动着 3D 虚拟会展的发展，同时也给予云展会更大的发展空间与前景。

随着当下的社会发展趋势，人类的生存空间也是越来越小。对于会展企业来说，城市是其发展的主要场所，逐渐缩小的空间让会展行业受到一定的限制。现有局势也潜移默化地推动网络云展会的发展，面对今天多种多样的信息量，仅利用传统展会来传播信息已经远远不够，观众信息需求量也在增长，网络信息的多样性恰恰也是在弥补传统展会所带来的空缺，云展会作为后起新秀不但可以满足会展自身的需求，而且还以迅猛的发展速度带动会展行业自身的发展前景。

云展会可以凭借科技发展，利用完善的多媒体技术，让人们能够更多地通过现有的技术来表达更多不可思议的展示，用科技来冲击人们的视觉。网络云展会这种新语言，能给设计师带来更多想法，是一种与众不同的发展新方向。全新的设计理念对于设计者来说也是一种挑战，通过研究探讨并对艺术进行升华，新的会展业发展方向也会带来更多的经济效益，对于人才的需求也开始扩增。据估计,3D 虚拟展会在未来的 5 年里市场容量将会达到千亿美元以上,可观的经济效益必然会带动更多产业的发展,3D 虚拟展会和 4G 通信也将会联合带动出新一轮的全球互联网领域投资以及基础环境建设,这种发展趋势将进入划时代的新阶段。

此外,云展会有相当可观的发展前景,节能、环保、节约,更符合当今世界的低碳生活原则,它打破了传统展会的种种局限性,为会展参展商节约了展览宣传成本,提供了更多新的商机,也为采购商带来更多的实惠和便利。随着网络多媒体技术的不断完善,云展会将逐渐替代传统的实体展会,变成会展的另一种方式。

(二)数字展馆设计

当今社会,技术的发展进步与设备的更新换代日新月异、突飞猛进。数字展馆作为一种全新的模式正充斥着我们的眼球,用虚拟技术制作的数字展馆全面进入传统展领域。

数字展馆设计具有强烈的震撼,真实感强,可以全方位、立体性、360°浏览,打破传统展示的局限。数字展馆设计主要以三维图像为主要内容,使信息更加直观,更容易理解,并能够展示更多的信息。数字展馆具有丰富的展现方式,可以给客户带来深刻的体验。其使用便捷、应用领域非常广泛,而且数据量小,传播的方式多样化,信息共享化、智能化。

数字展馆正在影响着人们的生活,如今世界上一流的展馆都在使用最新技术来推动科学发展并已得到普及,现在利用传统的声、光、电展览已经很难吸引观众的兴趣,如果能够借助虚拟现实技术把枯燥的数据变为鲜活的图形,使科技馆进入公众能够亲身参与的交互式的新时代,这种互动形式能够引发观众浓厚的兴趣,从而达到科普的目的。

数字展馆的设计利用三维动画等技术优势,以"数字视觉整合营销"为理念,专注于数字化空间展示以及三维动画影像创作,目前已涉及数字沙盘、全息体验、投影系统、增强现实、多媒体互动体验、虚拟现实等数字化展示技术。技术方面的优势也给数字展馆带来可观的前景,广泛地服务于地产营销厅、科技展示厅、舞台视觉特效、网络展厅等方面,为客户提供包括广告动画、多媒体互动等展览展示整合营销服务。

(三)产品数字模型设计

产品数字模型,是产品设计过程中以数字虚拟技术制作的三维数字模型。通过使用数字模型技术,我们可以使用不同的应用程序对所管理的数据进行应用、变更以及分享。"数字模型"是由深圳赛野数字模型公司提出的一个新概念,其自主开发的数字模拟技术已获得国家专利,并在韶关规划厅、韶关城市整体规划项目上得到具体体现。

"数字模型"这一新形式将在不远的未来取代传统展示方式,跃身成为展示内容的另一个新亮点。数字模型超越了单调的实体模型沙盘展示方式,在传统的沙盘基础上,增加了多媒体自动化程序,充分表现出区位特点、四季变化等丰富的动态视效。

产品的定义模型是以数字化开发技术为基础的,当今现有的产品模型已经不能满足数字化的发展模式,面向过程的产品定义模型建立了产品模型和过程模型的关系。通过分析、研发与设计,产品的模型与模型内容之间及其格式正在发生着微妙的改变。为了实现产品模型的集成与管理,需要从产品生命周期维和产品定义过程维这两个维度解决过程链的管理。

(四)虚拟现实体验会展空间设计《模拟体验型》

现代会展设计中动态形式备受青睐,这种动态表现方式有别于陈旧的静态展示,多采用活动式、操作式和互动式等。虚拟现实体验会展空间设计巧用虚拟现实技术,使静态展品得到拓展,营造活泼生动、气氛热烈的展示环境,使观众有身临其境的感受。利用科学技术手段提升观看兴致,能够更好地吸引观众的视觉注意力。前卫的设计带动会展未来的发展前景,将会更加趋向于开放,不再局限于司空见惯的表现形式,而是运用了立体的象征性空间造型。

虚拟会展这种新型的展会模式应运而生。虚拟会展是对传统会展的创新与突破,随着虚拟技术的发展,将给会展模式带来新的生机和发展动力。目前国内的虚拟会展主要形式是通过一些二维结构、简单的会展网站来实现的。

3D 虚拟体验系统是传统虚拟现实、宣传、营销模式的创新。它是集推介、导引、展示、教育四大功能于一体的综合性、国际性网上平台。该系统通过在网上漫游、虚拟活动、游戏等方式的参与和体验,扩大企业的全球受众,从而增强企业在国内乃至国际的影响力,在更大范围内推广企业的品牌形象。

作为一种新型的展示方式,它不同于电子游戏。原因在于:其一,虚拟组件利用全景显示技术;其二,拥有沉浸体验;其三,具有交互体验。虚拟互动体验的巨大潜力将随新技术的出现而不断发挥出来,顾客的体验将从由特定时控参数所决定的物理空间进入没有尽头的虚拟空间中。顾客通过互联网,坐在家中使用鼠标和键盘可进行角色扮演式场景虚拟游览,参与企业设置的虚拟场景游戏和活动,并可在虚拟体验系统的平台上与其他顾客实现交友、互动等,使顾客在轻松、愉悦的环境下,以娱乐和互动参与的方式了解企业的文化,这样既增强了顾客对企业的认知,又深度发掘了顾客的需求,从而达到推广企业的目的。这种方式大大区别于传统的平面和影片宣传,既可容纳丰富的信息量,又能高效地对企业进行深度的宣传。

1. 产品模拟动态展示

基于模拟对象的真实数据,模拟出客观存在的场景,可用于产品的仿真动态展示。例如,网上看房,即是对此的应用。

2. 数据整合与查询

虚拟展会设计越来越多的强调个性化,更多地注重整体的形象设计,突出企业形象,强调视觉上的冲击力。为了迎合市场要求,广告化、情节化、戏剧化等也逐渐加入其中,现在的会展更多地运用高科技手段,引进网络系统,运用软件技术等,将虚拟空间设计得更加逼真。

3.数字说明书

随着经济的不断发展,社会不断进步,人们的生活水平不断提高,售后服务在产品市场竞争中的作用越来越明显、重要,企业在这方面的投入巨大。而企业在纸制说明书时就面临诸多问题。例如,制作烦琐,需要技术工艺、图形文字、出版印刷等多门类配合;篇幅巨大,每一个简单的结构或技术动作需要大量的文字描述,如巨著的外观让人望而生畏;艰涩难懂,难于将抽象的技术内涵直观展现。如果我们利用三维技术制作数字化使用维护说明书,以虚拟现实或三维动画方式介绍设备的相关拆装过程、操作规范和维护维修方式,将会直观高效。对使用者而言,既可以保证迅速投入生产和保证设备的良好运行,还可以方便地进行操作人员培训,减少设备损耗。对生产者而言,能缩短生产、销售的人员培训周期,提高整体技术水平;同时,减轻企业的售后服务压力,节约成本。

我们可以将设备或整个生产流程拆解到需要的单位,以三维动画或交互的方式介绍设备的安装全过程,详细规范操作者的施工动作和注意事项。在制造阶段,能够给操作人员便捷、精确的指导,大大缩短操作人员的培训时间,并能使装配过程科学、流畅;销售推广过程中可作为产品结构功能演示的一部分,便于目标客户了解产品的优势,提高购买信心。用户在使用过程中,便于迅速实现生产。

参考文献

[1]李雪松.会展设计[M].北京:中国旅游出版社,2016

[2]王肖生.会展设计[M].上海:复旦大学出版社,2015

[3]逢京海.会展设计[M].北京:清华大学出版社,2015

[4]剧宇宏.我国会展业可持续发展研究[M].北京:中国法制出版社,2014

[5]黄立萍.会展展示设计[M].北京:中国旅游出版社,2013

[6]王卫东.会展空间的设计与应用[M].北京:化学工业出版社,2014

[7]冯娴慧,王绍增.会展展示设计[M].北京:中国人民大学出版社,2012

[8]马勇,肖轶楠.中国会展概论[M].北京:中国商务出版社,2010

[9]张艳,王艳.会展展示设计与制作[M].上海:格致出版社,上海人民出版社,2009

[10]冯娴慧,王绍增.会展展示设计[M].北京:中国人民大学出版社,2012

[11]刘大可.中国会展业:理论、现状与政策[M].北京:中国商务出版社,2004

[12]吴亚生,覃旭瑞.会展空间设计与搭建[M].重庆:重庆大学出版社,2007

[13]龚东庆.会展布局与设计[M].北京:高等教育出版社,2007

[14]张晴.会展设计表达[M].上海:格致出版社,上海人民出版社,2011

［15］林大飞.会展设计［M］.大连：东北财经大学出版社，2009

［16］孔永健.会展总体设计［M］.上海：上海人民出版社，2011

［17］程越敏.会展设计［M］.北京：中国财政经济出版社，2008

［18］张生军，李东生主编；杨志国副主编.会展展示设计［M］.广州：中山大学出版社，2012

［19］任仲泉.会展设计［M］.济南：山东美术出版社，2007

［20］陆金生.会展设计［M］.北京：高等教育出版社，2009

［21］谢跃凌.会展展示空间设计［M］.沈阳：辽宁美术出版社，2008

［22］萧冰，李雅.设计色彩［M］.上海：上海人民美术出版社，2009

［23］张纯记.中国会展经济的发展现状、问题与对策［J］.北京市经济管理干部学院学报，2006（2）

［24］刘继辉.中国会展业发展研究［J］.三峡大学学报（人文社会科学版），2012（2）

［25］黄玉妹.我国现代会展业的功能研究［D］.福州：福建师范大学，2011

［26］孟威.数字媒体艺术在展示设计中的应用研究［D］.哈尔滨：哈尔滨师范大学，2011

［27］易华.展示设计中数字媒体的交互性研究［D］.长沙：湖南师范大学，2013

［28］肖洒.VR技术在展示设计中的应用［D］.济南：山东工艺美术学院，2016

［29］马丁.浅析新媒体技术在会展中的应用［J］.吉林艺术学院学报，2015（06）

［30］储祥银.中国会展业步入新常态［N］.国际商报，2015－02－03